JN240053

データ
ドリブン
経営入門

デジタル時代の意思決定と行動指針

デロイト トーマツ グループ
CTO 兼 CIO **安井 望** 著
YASUI, NOZOMU

中央経済社

はじめに

　デジタル化の波が押し寄せることによって，私たちの生活は大きく変化した。2008年にiPhone 3Gが日本に登場した時に，およそ10年の間にこれほどまでにスマートフォンが市民権を得ることになることを正直想定できなかった。今では子供からお年寄りまでスマートフォンやタブレットを日常的に使っており，生活の中でなくてはならないものになっている。

　人々の生活がデジタル化されていく中で，当然企業にもデジタル化の波が容赦なく押し寄せている。生活の一部となったスマートフォンを顧客接点となる重要な端末として捉え，これまで店頭一辺倒だったビジネスを変えていかなくてはならない。新聞やテレビ広告だけでなく，Webやスマホアプリを通じたマーケティング活動を取り入れていかなくてはならない。そのためには，企業は自社の持つコンテンツをデジタルコンテンツとして提供しなくてはならない。

　しかし，企業が対応すべきデジタル化とは，このような表層的なものを指しているわけではない。企業の根本を揺るがす非常にマグニチュードの大きい変革が必要になるという点に気付いている日本企業は少ないのではないだろうか。デジタル化が企業に及ぼす最も大きな影響は，顧客接点の変化やWeb化によるチャネルの変化ではなく，デジタル化によって爆発的に増えるデータそのものであることに気付いているだろうか。

　IoT（Internet of Things）によってこれまで取れなかったセンサーのデータが取れるようになった，あるいはSNSのログから消費者の動向を知ることができるようになった，といった事象は，すべて電子データで提供される情報群である。そして，そのデータ量は日々増え続けるものであるがゆえに，もはや人が1つひとつ見ながら判断するような物量ではなく，AIをはじめとするIT技術を活用しなければ分析できないものになっている。

　企業はこれら大量のデータを取得するための仕組みを用意するとともに，分

析するためのAI・コグニティブ技術の導入や，これらのデータを処理するにあたってエンジニアやデータサイエンティストを確保しなくてはならない。そして，企業活動の多くがデータを起点とする世界へ変化している中，データに基づいて意思決定を行う経営スタイル（データドリブン経営）へ企業が変化していかなくてはならない状況にある。

このように，企業はありとあらゆるデータ，溢れかえっているデータから，経営に必要なデータを抽出し，企業活動に活かしていくデータドリブン経営を実践する必要性に迫られている。しかし，多くの日本企業は，これまでとは経営手法や必要となる仕組み・プロセスが大きく異なるにもかかわらず，これまでどおりの仕組みや企業文化で小手先の対応をしようとしているため，いち早くデータドリブン経営にシフトした欧米企業に，特にスピードの面で後れを取っている。さらに，進歩を続けるデジタル技術によって企業を取り巻く環境の変化は激しさを増しており，不確実性も日に日に高まっている状況にある。このような経営環境では，環境変化にいち早く対応できるかどうかで企業の存亡が決まるのである。

しかし，デジタル化への対応，データドリブン経営の実践，企業変革へと邁進する必要があることはわかっていても，どのように進めていけばいいのか，何から手を付ければいいのかがわかっておらず，他社の状況を見ながら手探りで推進している企業が多いのが現状である。

そこで本書では，デジタル化によるデータドリブン経営を実践するために必要となる基本的な知識から，経営戦略とデータの重要性，整備すべき仕組み・基盤，理論的な背景を整理し，企業を根本から変えていく必要性にも触れている。欧米企業の事例も交えながら，何を日本企業は参考にすべきか，どこを日本流にアレンジしなくてはならないかについて解説しているので，自社に照らしてデータドリブン経営をどのように実践していくべきかを考え直すきっかけにしていただければ幸甚である。

また，本書をきっかけに，いかに環境変化のスピードが高まっているか，その変化に対応するためには自社のデジタル化とデータドリブン経営の実践なく

して生き残れないという強い危機感を，経営者のみならず日々業務を遂行している1人ひとりが持ってくれることを期待している。

2019年11月

デロイト トーマツ グループ　執行役　パートナー
Chief Technology Officer 兼 Chief Information Officer
安井　望

Contents

はじめに

第1章 データ／デジタルに関する素朴な疑問

第2章 日本の企業経営を揺るがすデジタル化

第3章 データドリブン経営の本質

第4章　デジタル時代を乗り切る戦略

第5章　データドリブン経営を支える仕組みの作り方

データ／デジタルに関する
素朴な疑問

　データドリブン経営，デジタルトランスフォーメーション，デジタルマーケティング，など「デジタル」や「データ」が枕詞として付く用語を聞かない日はないほどだ。ITに造詣が深い人であれば特に疑問を持つことはないだろうが，そのような人ばかりでもない。特にビジネスマンにとっては当然知っている用語として日々の会話の中で使われているが，何となく感覚として捉えている程度で，深く突っ込まれると，しどろもどろになってしまう人も多いのではないだろうか。

　まず，この章では，「データ」や「デジタル」といった用語に付随して使われているビジネス上の言葉やその意味を今一度確認してみよう。多くのビジネスマンが，実は聞くに聞けなかったという部分を紐解いてみたい。

1 「データ」に関する素朴な疑問

まず「データ」にまつわる素朴な疑問をピックアップしてみよう。

ビジネスの世界では当たり前に活用される「データ」ではあるが，「データ＝情報」と捉える人もいれば，「データ＝企業のシステムの中にある電子データ」と捉える人もいる。どちらも間違いではないが，経営にデータをどう活用するかに焦点が当たってきた昨今では，さまざまなデータを活用するという立場から，「データ＝情報」という捉え方が一般的だろう。そして，その情報は電子データであることが当たり前の時代になっている以上，電子的な情報すべてを指すことになる。

とはいえ，基本がわかっていなければ，経営にデータを活かすことはできず，さまざまな局面で壁にぶち当たる（もしくは，すでに壁にぶち当たっている）ことになる。そのような状況にある人が素朴に抱いている疑問を整理し，デジタル時代を生き残る基礎を固め直してみよう。

❶ そもそも「データドリブン経営」とは？

● 初出は2000年代

「データ経営」，あるいは「データドリブン経営」という言葉は2000年代頃から日本でも使われるようになってきた。当時はビジネスインテリジェンス（Business Intelligence：BI）のツールベンダーを中心に提唱され，データ分析を使った経営手法の導入が流行していた。その後，流行が下火になり，データドリブン経営という言葉そのものもあまり目にしなくなっていたが，2011年頃から，デジタル化の波がアメリカで本格化し始めるとともに，デジタルマーケティングの領域を中心に「データドリブン」という言葉が再度取り上げられるようになってきた。

データドリブン，あるいはデータドリブン経営という言葉は，使う人によってその意味合いが微妙に異なっている。日本でも，単にデータを使った意思決

定のことを指して用いるケースもあれば，多変量解析のような統計手法・モデルを用いたソフトウェア上のアルゴリズム（ルール）に沿って客観性を高めたデータを用いた意思決定を指す，とするケースもある。このように明確な定義がビジネスの現場でなされていないがゆえに，**何となくわかったつもりで扱ってしまっているのが現実**である。

● データに基づいて意思決定を行い，業務上のアクションを起こす

　では，ここでデータドリブンの意味を定義してみよう。あくまで本書における定義になるわけだが，後の「データ」や「デジタル」に関する説明や実行へのアプローチも，この定義をもとにして論を展開する。

　データドリブンとは，その言葉どおり，データをもとに行動を起こすことをいい，**データドリブン経営とは，データに基づいて意思決定を行い，業務上のアクションを起こすことを指す**。ここでいうデータとは，売上のデータ，市場動向に関するデータなど，さまざまなものを指し，もちろんその客観性を高めるべくデータサイエンスを駆使したデータを用いることも含まれている。

　ただし，データは常にアルゴリズムを経たものである必要はなく，アンケートデータ等の統計処理されたものから個人のコメントに至るまで，さまざまなデータを使うことに留意が必要である。意思決定においては客観的なデータが必要となるケースが当然多いわけだが，意思決定を客観的に行いたいのであって，データそのものが客観的なものだから客観的な意思決定ができるというわけではない。あくまで，客観的な意思決定を行ううえで必要となるデータそのものについては，その特性によって取捨選択をするべきではない，という立場を本書ではとることにする（**図表1-1**）。

　昨今，マーケティング分野でデータドリブンマーケティングという言葉が用いられることが増えてきている。こちらについても，データをもとに次のマーケティングアクションを意思決定することを指すことになる。具体的には，顧客（コンシューマー）のWebページ閲覧履歴やマーケットの統計データ，SNSのキーワード検索結果等のデータを分析した結果を見て，新規のキャンペーン

図表1-1	データドリブン経営とは

さまざまなデータ

売上	市場動向	アンケート	個人の コメント

客観的な行動を取るために必要なデータを取捨選択

データに基づいて意思決定を行い，
業務上のアクションを起こす
＝データドリブン経営

を企画・実行する一連のマーケティング活動を，データドリブンマーケティングと定義する。

● 経営者が行っている意思決定だけをいうのではない

　データドリブン経営という言葉を聞くと，経営者の意思決定にのみ使うようなイメージがつきまとう。しかし，経営に関連する行動すべてが対象になることに注意が必要である。つまり，経営者が企業の行く末を左右する大きな意思決定をデータに基づいて行うこともデータドリブン経営であり，また，現場の営業担当がマーケットのデータや取引履歴のデータから提案内容を意思決定することもデータドリブン経営なのである。

　この点については，多くのビジネスマンが誤解をしている印象がある。経営というものは，経営者が行っている意思決定そのものだけを指すのではない。その意思決定をもとにしつつも，連動して行っている**企業活動すべてにおける意思決定とそのアクションを含んでいる**ことを忘れないでもらいたい。したがって，データドリブン経営をどう実現するのかという命題に対しては，すべての企業活動を対象にどう変えていく必要があるのかを検討するのであり，決してシステムを導入してレポートが出るようにすれば済むような話ではない。

このことを理解したうえで，実現に向けた取組みを進める必要がある。

❷　データドリブン経営でいう「データ」は何を指している？

● 意思決定に必要なデータは無数にある

　前項で少し触れたように，データドリブン経営では，意思決定を行って次のアクションにつなげていくために必要なデータすべてが，その対象になる。**企業活動における意思決定の種類は，階層によってさまざまであり，その意思決定に必要な情報もさまざまである**（図表1-2）。

　また，意思決定の分野もさまざまであり，当然それぞれで必要となる情報は異なる。例えば，マーケティングにおける意思決定と経営管理上の意思決定で

図表1-2　意思決定の各レベルで必要な情報例

レベル	各レベルで必要な情報
経営層	グループ全社／各社または事業全体／国／地域といったセグメントでの利益関連指標とその内訳（売上，売上原価，費目別の販管費，EBIT，EBITDA等）
経営層	予測情報（販売予測，マーケット情報，経済情勢，PSI情報等），B/Sデータ（資産／負債バランス，資本政策等）
ミドル層	自部門のP/L，B/Sを中心とした業績管理データ（売上，売上原価，費目別の販管費，営業利益，債権債務等）
ミドル層	セグメント別（市場別（地域別／得意先別），製品別（モデル別／品番別等））の採算管理データ
ミドル層	経営層の視点よりも粒度が細かいレベルでのプロダクトポートフォリオに関するデータ（予測情報（販売予測，マーケット情報，経済情勢，PSI情報等））
現場	実績／推移データ（製品の販売実績，購買品の購入実績，製品別原価等）
現場	予測／計画データ（販売計画，生産計画，調達計画，自部門予算等）
現場	オペレーション上の意思決定支援データ（販売／製造横断データ（PSI等）），各事業部門横断での実績値データ（購買価格，販売価格，製造原価等）

は，必要な情報が異なっている。マーケティングの意思決定では，CMO（Chief Marketing Officer）のレベルでは，マーケティング戦略策定のための市場分析結果やマーケティング施策のポートフォリオといったデータが必要になる。一方，経営管理においては，COO（Chief Operation Officer）のレベルで必要となるのは，各部門の月次（あるいは週次）実績や投資状況のデータといったものであったりする。これらを導くために，それぞれの部門の階層によって必要となるデータも異なることになるので，データの対象は無数にあるといって差し支えないだろう。

●° データの媒体や出所も多様

　これらのデータは，企業内のシステムに格納されているものから，外部のデータベースに含まれているもの，外部で公開されている一般データもあれば，官庁が出している統計データまで，さまざまな形態で存在している。

　また，データというと電子的なデータを思い浮かべるが，その形態は必ずしも電子データだけではない。データ＝情報なので，**データドリブン経営では，紙媒体の情報も含めてデータとして取り扱う必要がある。**

　現在，ほとんどのデータが電子媒体になってはいるが，一部紙媒体のものも存在しており，実際の業務でその情報を使って意思決定を行っている。アンケートや手書きの書類もその類いであり，内容をシステムに入力して，あるいはスキャンしてはじめて電子データとして取り扱われることになる。当然，電子データであるほうが，統計処理や検索をシステムで行えるので利便性が高まるが，そうでないデータも存在するということには留意しておく必要がある。

　また，昨今では，深層Webと呼ばれる，特定のブラウザやツールを使わなくては見ることができないWeb上のデータも活用され始めている。通常のブラウザや検索エンジンで閲覧できる表層Webに対して，深層Webは危険な情報が多いというイメージが強いかもしれない。しかし，さまざまな研究データ等が深層Webには存在しており，それらのデータを企業経営に活かしていく動きが活発になってきている。そのようなデータを提供するサービスプロバイ

ダーも登場してきており，企業がより簡単にデータを収集することが可能になってきている。

● データ収集には戦略的な対応を

　このように，データドリブン経営ではさまざまな種類のデータ，さまざまな媒体・出所のデータが使われる。前述したように，企業活動全体における意思決定に関連するデータすべてが対象になるため，その種類・量は相当なものになる。このような大量のデータをどのように収集するか，その中から必要なものだけをどのように抽出・分析し，アクションにつながる意思決定をできる状態にするのかが，データドリブン経営の肝になる。そのために準備すべきことは多岐にわたることが想像できるだろう。

　闇雲にデータを集めても，必要なデータが足りていないことは往々にしてありうる。このような事態を回避するためには，必須となるデータを定義し，このデータを集めることに注力する，あるいは必要となるデータに優先順位を付け，収集の難易度や手間を勘案したデータ収集を進める必要がある。外部からコストをかけて収集する（＝有料の情報を購入する）ことで必要な情報が揃うこともある。あらゆる可能性を考慮した戦略的な対応が必要であることに留意してもらいたい。

❸ 「ビッグデータ」という言葉があったが？

● 最近は目にする機会も減ってきた

　「ビッグデータ」という言葉が一世を風靡したのは，2010年代に入ってからである。もともと，ビッグデータという言葉自体はデータマイニングの分野等で使われてきたものであるが，データドリブン経営という言葉が見え隠れするタイミングと時を同じくして脚光を浴び始めた用語である。

　データドリブンという言葉よりもビッグデータのほうが世間的には広く認知され，現在のデジタルと同じく，常に目にするような言葉となった。しかし，2015年あたりから，徐々に日本でも目にする機会が減ってきており，アナリ

ティクスやデジタル，AI，IoTといった言葉に包含される概念となってきている。

● データドリブン経営と同様のコンセプト

　では，ビッグデータの定義はどんなものであろうか。これも，データドリブン経営のように，はっきりとした定義が存在していない。もともとは，一般的なデータ管理ソフトウェアや分析ツールで扱えないほどの大量なデータ，という意味合いで使われていた。企業経営において通常では扱えない大量なデータの中から，経営に資する情報を分析結果として得ることで，意思決定や戦略策定に活用することを指していた。

　この文脈からわかるように，データドリブン経営と同様のコンセプトで用いられており，特に**大量データを扱ってこれまでとは違うインサイトを得るということにフォーカスが当たっていた概念**である。

　しかし，昨今ではビッグデータの「ビッグ」がどれほどの大きさを指しているのかが曖昧になり，言葉そのものが単に大量データを指すものとみなされてしまっていることと相まって，ビッグデータという言葉そのものが用いられなくなってきている。当時，一般的なデータ管理ソフトで扱えないと想定されていたデータ量は，現在ではハードウェアの進歩によって企業が簡単に扱えるデータ量になっている等，もはやビッグデータという言葉が表すデータは，Web上の全データというレベルになっている。

● データ量の増大とマシンパワー

　ここで注意すべき点は，ビッグデータという言葉が一世を風靡していた時代に，ビッグデータ解析を行うために導入したシステム群が老朽化している点である。

　ハードウェアの進歩はめざましく，当時最先端だったものが今では非力なマシンであるということは往々にしてありうる。当時に比べてデータドリブン経営で用いるデータ量は格段に増えており，その**莫大なデータを処理するために**

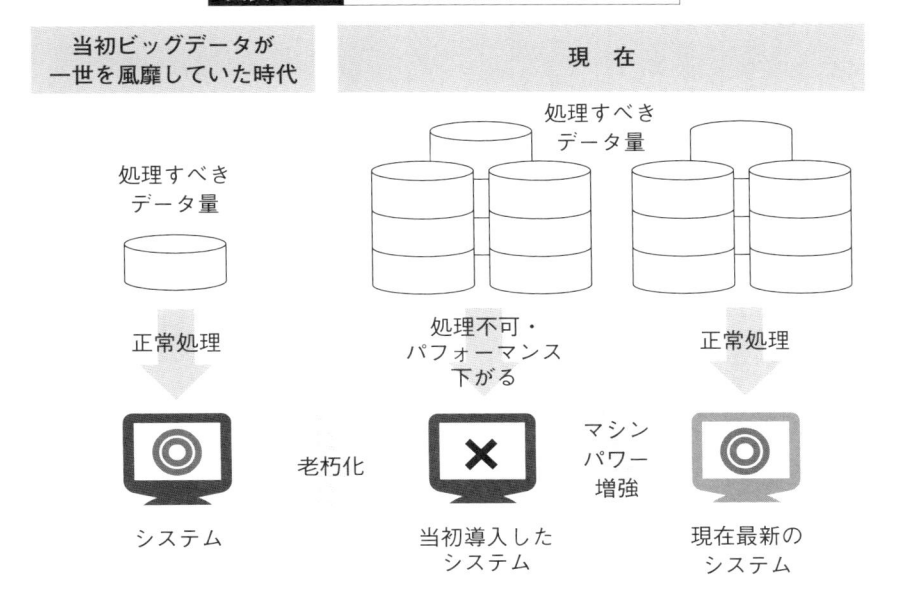

図表1-3 データ量の増大とマシンパワー

はマシンパワーが最も重要な要素となっている（図表1-3）。企業活動で用いるデータ量がそれほど変わっていない場合は気にする必要はないが，業種によっては取り扱うデータがここ2～3年で爆発的に増えているケースもある。その際には，ハードウェアの交換やシステムそのものの見直しに至るまで考慮する必要がある。データドリブン経営ではIT投資が非常に重要となる所以である。

❹　「データサイエンティスト」は必要？

● データ分析のスペシャリストであるのは間違いない

　データドリブン経営では，データサイエンティストが鍵を握るといわれることがよくある。この「データサイエンティスト」という職種については，非常に優秀そうなイメージ，ITに強そうなイメージ，アナリティクス（分析）をいろいろできる人といったさまざまなイメージを持って捉えられる。少なくと

も，専門職であると認識しているビジネスマンが多いのではないだろうか。ある意味正しく，ある意味正しくないといったところである。そこで，まずはデータサイエンティストがどういう仕事を担当すると想定されているかを整理しよう。

　ビッグデータの解析を担当し，そのデータから示唆を導き出すことがデータサイエンティストに求められている点について異論はないであろう。そのために必要なスキルという側面で，さまざまな説が飛び交ってはいるが，そのスキル面での定義がはっきりしないところがデータサイエンティストという職種に対するハードルを上げてしまっているようである。

　必要なスキルとして通常真っ先に挙げられるのが，統計処理を含むデータ分析のスペシャリストとしてのスキルである。**数学知識や統計学に関する知見を有することはもちろんのこと**，SPSSをはじめとする**統計解析ソフトウェアを使いこなせること**も重要な要素となってくる。統計解析モデルの設計を含めて，データサイエンティストには単なるExcelを使った分析ではない，**高度な分析能力**が求められていることは間違いない。

● ITスキルとビジネススキルも求められている？

　しかし，これ以外にデータサイエンティストに対してスキルを求めているケースが目立つ。これが，データサイエンティストの仕事をわかりにくくしている1つの要因とも考えられる。その求められるスキルは大きく2つあり，1つがITスキル，もう1つがビジネススキルである。

　1つ目のITスキルは，データサイエンティストがITに精通していなければならないという意味合いで使われている。だが，どの程度精通している必要があるかといった点ははっきりしていないケースがほとんどだ。当然，ITに精通していないよりは精通しているに越したことはないし，統計解析ソフトウェア等を駆使する以上，データを扱えるだけのITスキルを備えていることは必須となるだろう。

　しかし，**どのシステムにどのようなデータが格納されているのか，そのデー**

タがどういう形式であり，インターフェースをどのように設計すればよいのか
など，システム全体の構成やデータのI/O（インプットとアウトプット），デー
タベース構成といったシステムアーキテクチャーを考慮して構築することが可
能なほど，ITスキルを備えている必要があるのだろうか。そのようなスキルは，
IT部門のアーキテクトや外部ITコンサルタントが備えていればよいという考
え方もある。

　2つ目のビジネススキルは，分析する企業のビジネスモデルや業務について
理解していなければ，ビジネスに資する分析結果を提供できないという論理に
基づいている。しかし，特定の業種や企業に焦点を当てて分析を行っている
データサイエンティストの数は限られており，実際に当該企業の最前線で仕事
をしたわけではない以上，**そのスキルをデータサイエンティストに求めるのは，
やり過ぎ感が否めない。**

● 自社の人材にもフォーカスを当ててみる

　統計解析スキル，ITスキル，ビジネススキルのすべてを備えている人材が
データサイエンティストだという考え方は理想的ではある。しかし，現実にこ
んなスーパーマンはほとんど存在していない。

　結局のところ，ITスキルとビジネススキルにどれぐらい深さを求めている
かがはっきりしないため，イメージばかりがふくらみ，正しくデータサイエン
ティストの仕事を捉えることができていないのが現実だと考えられる。

　ITスキルやビジネススキルが自社の別の人材でカバーできるのであれば，
データドリブン経営を進めていくうえで必要となる統計解析スキルを持った人
材にフォーカスを当てることも可能である。データサイエンティスト不足が叫
ばれる日本のマーケットだが，**自社にとってデータドリブン経営におけるどの
ピースが欠けているのかを見極めたうえで，データサイエンティストの要否を
判断する**ことが得策である（図表1-4）。

図表1-4　データサイエンティストのスキル

理想的な データサイエンティスト	データサイエンティストの仕事を捉える 現実的な取組み

ビジネス
スキル　IT
スキル　統計解析
スキル

**必要なスキルセットを保持した
スーパーマン**

しかし，ほとんど存在しない

ビジネス
スキル　自社の人材

IT
スキル　自社の人材

? 統計解析
スキル

自社の欠けているスキルを保持した人材を採用

自社に足りていないスキルを見極める

　また，昨今のAIの進歩により，データサイエンティストは今後必要ではなくなるという論も出てきた。これについても，結局のところ，意思決定に必要なデータをどう分析するのか，そのために人が行う必要があるのか，AIによる学習結果だけでよいのかという判断をしたうえでないと結論が出ない問題である。

　現在のAIでは，正しいデータが正しいタイミングで更新され，データとして認識できない情報がない（取得できたデータだけで判断できる）ケースでないと，AIに判断まで任せることはできないと考えられる。そうでないならば，何らかの補正を人が行わないと危ないということである。一方で，与えられたデータを解析するだけであれば，データサイエンティストがいなくても，AIに（システムに）任せることができるのも事実である。

　自社に足りていないスキルが何なのか，データドリブン経営を進めていくうえでなくてはならない部分が**人でないと埋められないのか，AI等の技術で埋められるものなのかを見極めること**が求められている。

● スーパーマンがいれば総力を挙げて獲得せよ

最初の問いに戻ろう。

データサイエンティストが必要なのかどうかという問いについては，当該企業の状況に依存する，というのが答えになる。統計解析スキルを持った人材が足りないというならば必要となるだろうし，その足りない部分はAIを含めたシステムがカバーするというのであれば必要ないという結論になろう。ITスキル面とビジネススキル面について足りないということであれば，他の人材がカバーすべき分野かどうかを見極めて判断することになろう。

少なくとも理解しておかなくてはならないのは，巷でいわれているような**スーパーマンとしてのデータサイエンティストはほとんど存在しない**ということである。もし，そのような人材がいたら，自社の総力を結集して獲得をするべきである。

❺　やたらと「アナリティクス」という言葉を聞くが？

● その名のとおり分析

企業経営に関連するデータの話題では，必ずといっていいほど「アナリティクス」という言葉がセットで出てくるようになった。DWH（Data Warehouse），BI（Business Intelligence），スライスアンドダイス等々，これまでも企業経営上，データ分析をする業務周りではさまざまな用語が飛び交ってきた。これらの言葉は使い古され，現在ではアナリティクスが標準的に用いられている。

アナリティクスは，その名のとおり分析を指しているのだが，昨今のように大量データを経営に活かしていくうえで分析（Analyze）しないことはありえず，そういう意味では当たり前に使われている言葉である。

● 漠然と使われていないか注意

よく理解せずに使われているケースとして挙げられるのが，「アナリティクスを使って解決しましょう」や「アナリティクスソリューションが有効です」といった表現である。

ひとくちにアナリティクスといっても，特定の分野や手法を指すものではなく，単に分析手法や分析ツールの総称に過ぎない。アナリティクスを使うというならば，どんな分析手法，あるいはツールを用いて結果を導き，アクションにつなげるのかがポイントであって，漠然とアナリティクスを使うといったところで，何の解決策も導くことはできない。

同様に，アナリティクスのソリューションはその種類も数多あり，データの種類や分析そのものの目的によって活用するソリューションは変わってくる。したがって，外部コンサルタントやベンダーからのアナリティクス関連の提案で，漠然としたソリューションが提示された場合には注意が必要である。**具体的なアナリティクスの手法や導出される結果が示されることが重要**であり，データドリブン経営で常に意識しなくてはならないポイントである。

❻ 正規化？ 構造化？ データの用語がよくわからない

● わかる振りは混乱のもと

データドリブン経営に限らず，何らかのデータを使った分析が話題になったときに，よりデータ構造に近い分野の話題として耳にするのが，「正規化」や「構造化（あるいは非構造化）」といった言葉である。アナリティクスの説明の中でデータが絡むと出てくる用語であり，データベースに精通していない人なら理解できるはずもなく，よりデータドリブン経営へのハードルを感じさせてしまう面がある。また，わかった振りをしてコンサルタントやベンダーの話を聞いてしまうと，いざ導入という段階でベンダーからわかっている前提で話を進められ，さらに難しい言葉が登場してきて混乱に陥るケースもある。

ここでは，データベースの専門的な意味合いには触れないが，特にITに詳しくないビジネス側の人が最低限理解していなくてはならない，あるいはデータドリブン経営を進めていくうえで前提となる知識としてのレベルには触れておきたい。**大きく分けて押さえておかないといけない用語は「正規化」，「非構造化データ」，「RDBとNoSQL」である。**

● 正規化

　まず「正規化」から見てみよう。正規化とは，何らかの規則に従って数値やデータを変形させて使いやすくすることを意味する。データベースで用いられる正規化も，おおよそこの意味に則っているが，**簡単にいえば，データの重複をなくす処理を正規化**と呼んでいる。

　データベースは，その名のとおり，さまざまなデータが入っている「箱」であるわけだが，何も考えずにこの「箱」にデータを放り込むと，重複が生じることになる。例えば，株式会社Aから製品1を2個，製品2を3個，製品1をさらに5個，製品2をさらに3個仕入れたとすると，データベースには4行のレコードが書き込まれることになる。しかし，このレコードから製品1のレコードを1件抽出すると，最初のレコードだけで，2つ目のレコードは抽出されない。本当は2件とも抽出したい，もしくは製品1が7個あるというレコードを抽出したいのかもしれないが，このようなデータベースだと，正しい結果を得られないケースが起きる。

　このようなことが起こらないよう，重複が起きないように整理する処理を正規化と呼んでいるのである。もう少し簡略化した言い方をすると，データの重複をなくして，あまり詳しくない人でも間違うことなくデータを抽出できるようにデータを修復すること，とでもすればいいだろうか。

　会話の中では「正規化されたデータを使っているので……」といった具合で出現するが，これは，「わかりやすくなったデータを使っているんだな」程度に考えておけば間違いはない。逆に，正規化されていないという話が出てきたら，データの重複があるということだから，分析や結果の見方に気をつけないといけないと認識できていればOKである（**図表1-5**）。

図表1-5　正規化とは

株式会社Aのデータベース

製品	仕入数量
製品1	2個
製品2	3個
製品1	5個
製品2	3個

重複
レコード

正規化なしで
製品1の
データを抽出

製品1のレコード

製品	仕入数量
製品1	2個

製品1の最初のレコード
のみとなり，2つ目の
レコードは抽出されない

株式会社Aのデータベース

製品	仕入数量
製品1	2個
製品2	3個
製品1	5個
製品2	3個

重複
レコード

正規化
パターン1

製品1のレコード

製品	仕入数量	日付
製品1	2個	5月15日
製品1	5個	5月16日

日付で別レコードと認識し，

製品1のレコードを2件
全部抽出する

株式会社Aのデータベース

製品	仕入数量
製品1	2個
製品2	3個
製品1	5個
製品2	3個

重複
レコード

正規化
パターン2

製品1のレコード

製品	仕入数量
製品1	7個

重複レコードを集計し，
製品1のレコードを1件
抽出する

非構造化データ

　次に「非構造化データ」について見てみよう。ここで取り上げるほどまでに話題に上るようになったのは，従来そのようなデータを扱うことは難しかったけれども，ハードウェアをはじめとする技術の進歩が，当たり前にそのようなデータを扱うことを可能にしたことが大きい。

　非構造化データとは，特定の構造を持っていないデータ，あるいはRDB（リレーショナルデータベース）ではないデータのことを指すとされる。構造を持っていないということは，そのデータを一定のルールに従って扱う（処理す

る）ことが難しいということになる。

　今ひとつピンとこないと思うので，具体例を挙げてみよう。非構造化データの具体的なものは，画像，動画，音声，メール，文書，各種ログなどである。データの1行を見たら意味のわかる構造化されたデータとは異なる，と認識すれば間違いないだろう。Excelを普段使っている人であれば，何行かにわたって入力された表形式のデータとはまったく違うもの，という認識を持ってもらえればよい。

　データドリブン経営でも，非構造化データをどう分析していくかは重要な要素となってきている。具体的には，SNSのログデータやサイトの訪問履歴といった非構造化データを分析したり，今後動画内のコンテンツや音声データの単語検索といった非構造化データを分析したりするケースが想定されている。**まずは，非構造化データ＝特定の構造を持たない＝表形式のレコードではない＝動画や音声**，というイメージで捉えておけばよいだろう。

● RDB

　最後がRDBである。RDBはリレーショナルデータベースを略したものであるが，通常RDBという名称で会話の中で使われている。データベースを扱ったことのある人なら知っていることではあるが，そうでない人からすると想像がつかないところがある。RDBの構造やその優位性といった専門的なところは専門書に譲るとして，ここでは最低限知っておいたほうがよい事項に絞って説明を加えておく。

　RDBは，それまでのデータベース（階層型のデータベース）がデータの位置を特定して抽出するものだったのに対して，レコードの最初にあろうが100番目にあろうが，任意のキーで検索してデータを抽出できるところに特徴がある。データを抽出する際に使用する言語がSQLと呼ばれるものであり，この言語を使ってデータの抽出，登録，変更，削除といった操作をデータに対してできるようになっている。

　誤解を怖れずに簡略化していうと，Excelの表形式のレコードでデータが格

18

納されているものがRDBで，そのレコードから特定の条件（例えば仕入先が
A社）に合致するレコードを検索するために使う言語がSQLということである。
Excelでレコードを探すときに，検索ウィンドウに「A社」と入力して検索ボ
タンを押せばそのレコードに飛んでくれる一連の動きが，SQLという言語を使
うと実現できるということである。

　いうならば，**普通のデータベースがRDB**である。このRDBは，正規化され
たデータ，構造化されたデータを扱うため，非構造化データを格納することは
できない。昨今では増加する非構造化データを扱うため，NoSQLと呼ばれる
データベースが活用されることが増えてきている。今後，NoSQLという言葉
を聞くことも多くなると予想されるが，RDBも非構造化データを扱えるよう
拡張を行っており，非構造化データを扱う際のスタンダードがどうなっていく
かは注視すべき事項である。

　一点だけ押さえておくべき点は，RDBがNoSQLに置き換わるということは
ない，ということである。RDBにはRDBとしての得意分野があり，NoSQLに
はNoSQLの得意分野がある。それぞれがうまく融合し，今後の増え続けるデー
タをより使いやすく，より効率的に処理する方向へ進んでいくことは間違いな
い（**図表1-6**）。

図表1-6　代表的なRDBとNoSQL

代表的なRDB	代表的なNoSQL
Microsoft SQL Server	MarkLogic
Oracle Database	MongoDB
DB2	Cassandra
PostgreSQL	HDFS
MySQL	Neo4j

❼　「DWH」，「BI」といったシステムの違いがわからない

厳密に区別する必要はない？

　データ分析やレポーティングをするためのシステムについては，これまでさ

まざまなソリューションが世に出ており，何も導入していない日本企業は皆無であろう。しかし，導入した時期によって呼び名が違う等，同じ仕組み（すでに導入済みのシステム）なのかどうかわからず，戸惑うケースも少なくない。

　データドリブン経営，ビッグデータといった言葉とともに必ず取り上げられるシステム（ツール）はDWH（Data Warehouse）とBI（Business Intelligence）ツールである。アナリティクスという言葉が流行する以前は，分析そのものを表して用いられることもあったが，これらは本来，ツール・仕組みを表す用語であるため，昨今ではツールそのものを指すために使われている。

　ただ，文脈によってはこの2つが同じツールとして使われていたりするため，混同してしまうこともしばしばである。極端な話，厳密に区別する必要もないのだが，外部コンサルタントやベンダーに勧められて新たなシステムを導入したら，実はすでに自社で導入済みだった，という事態を避ける意味で，最低限の知識は持っておくべきだろう。

● DWH

　まずDWHだが，文字どおり，データの倉庫としての役割を担うツールである。データドリブン経営において，意思決定のために何らかの分析を行いたいときに，分析に必要なデータが1つのデータベースに格納されていれば，そのデータベースのみを分析すれば済む。しかし，複雑な分析が必要になると，1つのデータベースだけでなく，関連する複数のデータベースのデータを組み合わせて分析しなくてはならないケースがある。

　例えば，顧客の売上データ分析を詳細に行いたいときに，Webでの売上と店舗での売上で顧客の特性がどう異なるかを分析する場合を考えてみよう。この場合，Webシステムにあるデータベース内にある情報と，店舗のPOS上にあるデータをつなぎ合わせて分析しなくてはならない。このように，複数のデータベースの情報を1つの場所に集めて，複数の種類のデータをつなぎ合わせて1つの分析を行うためのデータソースを作り上げるための仕組みが，DWHである。

　データの種類や量が飛躍的に増加している現在の企業経営環境において，**DWHは必須のツール**といっても過言ではなく，**DWHの処理能力や機能がデータドリブン経営の善し悪しを決める時代**になっているのも事実である。

 ## BI

　一方，BIはDWHと混同しやすいツールであるが，ツールの特性としては，DWH等で統合化されたデータを使って**さまざまな分析をしたり，わかりやすいレポートを表示したりすることがメインの機能**となる。

　分析対象となるデータ群がDWHにあり，そのデータ群に対して検索や結合といった命令を投げ，抽出したデータに対してアルゴリズムを使った統計解析を行うといった一連の業務に利用されるツールである。ツールによって分析モデルを豊富に用意していることを売りにしたり，見やすいレポートを簡単に作れるといったユーザビリティを売りにしたりと，さまざまな種類が存在している。

● データ分析を行う基盤・システムとして捉える

　このように，DWHとBIは本来，目的や持っている機能が異なるシステムであるが，結局のところ，それぞれ単独ではデータドリブン経営で用いるには不十分である。しかし，ソリューションベンダーは，そのあたりを明確にせずに提案していたりする。データソースとなる各システムのデータベースからDWHにデータを連携するツール（ETL：Extract Transform Loadもしくは ESB：Enterprise Service Busと呼ばれるツール等）を合わせてパッケージングしているソリューションも多い。しかし，実際に導入してみると同じようなツールをすでに使っていて，無駄な投資となってしまうケースも散見される。

　データドリブン経営で必要となるのは，さまざまなデータを簡単に収集でき，その分析を柔軟に行うことと，分析結果を表示できる機能であり，最も考慮すべきは，それらを実現するために大量データを処理する能力を備えていることである。**既存のツールがその機能を満たしていれば新たにシステムを導入する**

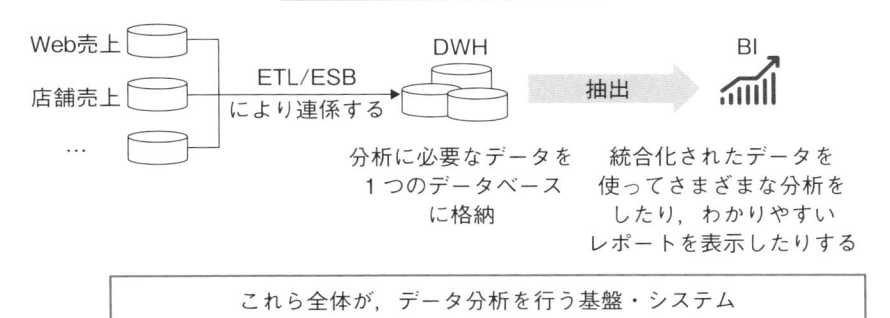

図表1-7　DWHとBIの関係

これら全体が，データ分析を行う基盤・システム

必要はないし，足りていない部分があればその部分だけ新しいシステムに置き換えることも可能である。

　DWH，BI，ETL・ESBといった**各機能で捉えるよりは，データ分析を行う基盤全体としてシステムを捉えたほうが，混乱せずに済む**かもしれない（図表1-7）。

❽　「ダッシュボード」は役に立つのか？

　結果として役に立っていない

　DWHが市民権を得ていた頃や，ビッグデータという言葉が席巻していた頃にあわせて流行していたのが，「ダッシュボード」である。これは，データ分析結果をユーザーが確認する画面（UI：ユーザーインターフェース）のことで，自動車等の計器類にたとえて名付けられたものである。つまり，一目で経営に関する状態がわかるように，画面にグラフ等を配置したレポートのことをダッシュボードと呼んでいる。

　日本企業の場合，特に経営層向けのレポートとして活用する需要が多く，さまざまな企業で導入が行われた。しかしながら，最初はその見やすさや目新しさから活用されたのだが，しばらくすると使わなくなる企業が続出した。結果として，役に立たなかったといえる。

分析結果の確認が必要

　当初こぞって導入を歓迎したのは，実際にダッシュボードを利用する経営層や管理職層である。グラフや自動車のメーターのような表示で経営状態やKPI（Key Performance Indicator：主要業績管理指標）が目視できることは，単なるExcelを印刷した図表よりも見やすく，意思決定に資するものと判断されていた。

　しかし，KPIのメーターにアラートが表示されていることは一目瞭然なのだが，なぜそのような結果になったのかが判別できないという問題が生じた。例えば，KPIとしての営業利益が下がり，アラートが表示されているのだが，売上が落ち込んだために下がったのか，販管費が膨らんだために下がったのか，また販管費が膨らんだということであればマーケティング費用なのかリベートなのか，といったところがダッシュボードからは判別できない。このため，明細を確認しなくてはならない。すなわち，各種分析結果の細かなレポートを確認しないと次のアクションを起こしようがない，という現実があったのである。

　こうなってくると，ダッシュボードそのものはあまり意味をなさなくなる。最初からKPI以外の各種指標や明細，分析レポートを確認するようになり，結

図表1-8　ダッシュボードが使われなくなった理由

KPIとしての営業利益が下がり，アラートが表示されている

売上が落ち込んだ？
販管費が膨らんだ？
マーケティング費用？
リベート？

ダッシュボード　　経営層／管理職層　　　　詳細データ　　　担当者

ダッシュボードから，なぜそのような結果になったのかが判別できず，
細かなレポートで各種分析結果を確認する

果としてダッシュボードは使われなくなったのである（**図表1-8**）。

● ビジュアライゼーションツールの活用へ

　現在のほとんどのBIツールはダッシュボード機能を備えているが，より分析結果をわかりやすく表示するため，ビジュアライゼーションツールと呼ばれる機能を充実させている。単にダッシュボードとしてまとめ表示をするのではなく，分析結果の表示やドリルダウンをより直感的に行えるようにしており，各種詳細な分析結果を意思決定者が間違うことなく読み解くことができるような工夫がされている。

　誤解を怖れずにいうと，従来のダッシュボード機能を使っているのは，KPIの善し悪しだけで判断してアクションを部下任せにするマネジメントスタイルをとっている企業であり，マネジメントする側がアクションの内容にまでコミットするスタイルの企業は，従来とは違うビジュアライゼーションツールの活用に力を入れているということである。データドリブン経営は，データを使ってアクションを意思決定し実行していく経営スタイルである以上，**以前のダッシュボード機能では不十分であり，より分析結果を正しく理解できるようなツールが必要とされている**。その観点から，ダッシュボード機能の見直しを行っていく必要があるといえよう。

2 「デジタル」に関する素朴な疑問

　ここまで，データにまつわる素朴な疑問をいくつかピックアップしてきたが，データという言葉がここまで取り上げられるようになった一因に，デジタル化が進んだことが挙げられる。デジタル化といっても明確な定義があるわけではないので，何をもってデジタルとするのかという議論もあるのだが，本書では，一般的にグローバル企業と日本企業の中で取り上げられている「デジタル」を念頭に置いて論を展開していく。

　特に，ITにそれほど精通していないビジネスマンにとっては，デジタルと

いうだけで一種のアレルギー反応を起こし，無意識に自分から遠ざけてしまう
ケースも少なくない。システムと同じように自分には関係ないもの，無理なも
のとしている年配の人も少なくない。当然，専門的な内容になると，相当な
ハードルが存在するのも確かではある。しかし，企業経営において，専門家と
してではなく，一ビジネスマンとして必要な知見はそれほど難しいことではな
い。その観点で最低限押さえておくべきポイントに触れていく。

❶　そもそも「デジタル化」とは？

●　アナログからデジタルに置き換わる

　「デジタル化」が何を指すのかという問いに対して，明確に定義された答え
は存在していない。デジタルという言葉の対義語はアナログなので，アナログ
からデジタルに移行すること，という考え方は間違ってはいないだろう。しか
し，エレクトロニクスの世界では，未だにアナログ回路の特性を活用すること
が多く，必ずしもアナログからデジタルに移行することを推奨しているわけで
はないから，ビジネスの世界でいうデジタル化とは異なるようである。

　では，ビジネスの世界で考えるとどうか。1960年代からビジネスにコン
ピュータが使われるようになったが，それまで紙の世界でやっていたことが電
子データで計算される世界に変わったことをデジタル化の起源として捉え，そ
の後のシステム化の発展をデジタル化として捉える考え方がある。これは，紙
（アナログ）の世界からIT（デジタル）の世界に置き換わるという意味で，デ
ジタル化と呼ぶことに違和感はない。

●　インターネットを介するもの

　しかし，昨今盛んに飛び交っている「デジタル化」という言葉は，単なるシ
ステム化を指しているものではない。諸説あるが，現在デジタル化と呼ばれて
いるものは，ｅコマース（電子商取引）から始まっているとしている説が最も
有力といえる。いわゆるネットを介したビジネスのやり取りをデジタルと呼ぶ
ようになり，それに付随する分野を含めて，広くデジタルと呼ぶようになった

というものである。本書もこの考え方に立脚し，デジタル化というものを次のように定義しておこう。

　「デジタル化とは，インターネットを介したビジネス上のやり取りをする仕組みやインターネットを介した新しいビジネスモデルを作り上げていくことを指す」

　この定義に従うと，具体的には以下のようなビジネス上の取組みや手法がデジタル化と定義できる。

- e コマース（電子商取引）
- クラウドサービスの利用（業務用アプリ，基幹システム，基盤等）
- モバイル活用（B2C，B2B）
- Webやモバイルアプリのユーザーエクスペリエンス向上
- ポータル型ビジネス
- サブスクリプション型ビジネス
- プラットフォームビジネス　等々

　例外も存在するだろうが，おおよそこの定義に従っていけば，デジタル化という文脈で何をどこまで実現すべきかについて検討することができるだろう。

　ポイントは，インターネットを介している，という部分である。専用回線の世界ではなく，インターネットを活用することによって世界中の顧客とすぐにつながる，安価に構築できる，専用端末を用意する必要がなくスマートフォンやPCでつながる，さまざまな現存するサービスや機能を取り入れることができる，といったメリットを享受できることになる。

　デジタル化の最も大きなメリットは，ボーダーレス顧客の獲得，構築スピードの速さ，安価なコスト，エコシステム（複数の会社が提供するサービスや製品を組み合わせて大きな取組みを実現すること）による付加価値向上であり，その結果として，いち早く顧客のニーズに応えられる点にある。逆に，このデジタル化の波に乗り遅れると，デジタル化のメリットを享受できた競合他社との差は，そのスピード特性からあっという間に開いてしまい，結果として市場から撤退を余儀なくされるおそれが出てくる。**日本企業だけでなくグローバル**

でデジタル化を急ぐのは，顧客のニーズに応えるために必須であり，競合他社との競争の面でも必須だからである（図表1-9）。

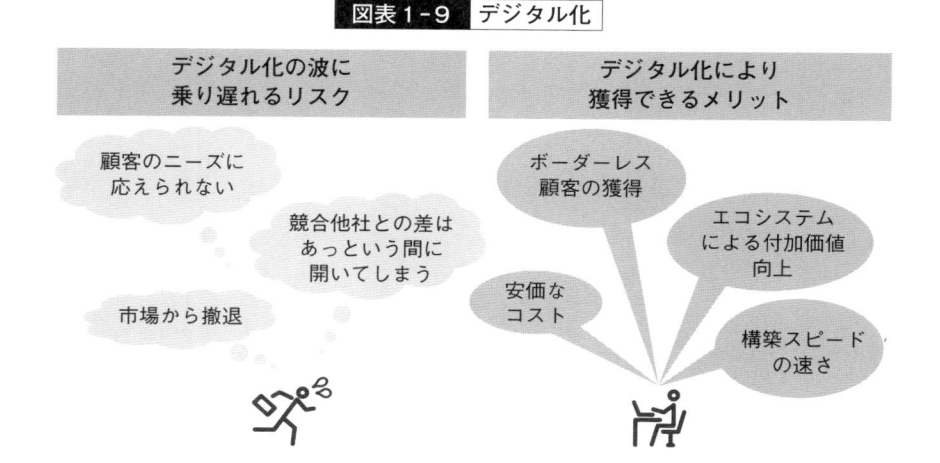

図表1-9　デジタル化

デジタル化の波に
乗り遅れるリスク

デジタル化により
獲得できるメリット

顧客のニーズに
応えられない

競合他社との差は
あっという間に
開いてしまう

市場から撤退

ボーダーレス
顧客の獲得

エコシステム
による付加価値
向上

安価な
コスト

構築スピード
の速さ

● セキュリティ対策の重要性

　しかし，デジタル化は，単にインターネットを介した仕組みを作ればいいというわけではない。顧客を含めて企業の外と簡単につながることができるということは，企業内の情報や個人情報を含む機密情報が不特定多数の近くに置かれていることを意味している。当然，企業内に閉じていたときに比べてセキュリティに関する危険性は上がるため，大きな可能性を得る代わりに，セキュリティ対策をこれまでとは違ったレベルおよびアプローチで施していく必要がある。

　したがって，利便性や付加価値とセキュリティ担保のバランスをどうとっていくかが鍵となり，そのためには**デジタル化に対する専門知識がないと太刀打ちできない**ことを認識しておく必要がある。このすべてを自社で対応することは難しい。そのため，外部コンサルタントやベンダーを活用しながら，ビジネス面での結果をどう享受していくかを検討する必要がある。

❷ 「デジタルトランスフォーメーション」とは？

● デジタルで競争優位を追求する

　デジタル化という言葉とともに，昨今よく目にするデジタルを冠した用語は，「デジタルトランスフォーメーション」である。「DX」と表記されることも多いデジタルトランスフォーメーションだが，その定義は，これまで登場してきた用語と同様に，はっきりとしたものがあるわけではない。企業経営に関わる活動すべてをデジタル化していくことと捉えている場合もあれば，デジタルをどう経営に活用するかというところにフォーカスを当てている場合もあり，どれも間違いだとはいえない。

　トランスフォーメーションという言葉は，企業経営上は大きな改革，変革といった訳を用いることが多い。つまり，デジタルトランスフォーメーションは，デジタルを活用した企業変革という意味合いになるが，本書では以下のように定義しておく。

　「デジタルトランスフォーメーションとは，デジタル技術を活用して企業の競争優位を追求することを指す」

● さまざまなデジタル技術の組み合わせ

　前項で，デジタル化の遅れが競合他社との差を広げてしまう可能性について触れたが，まさにこのデジタルへの取組みを通じて競争優位を獲得する，あるいは競争劣位が生じることを回避することが，デジタルトランスフォーメーションの目的であり，役割となる。

　この定義におけるデジタル技術には，さまざまなものが含まれる。代表的なものは，クラウドコンピューティング，AI（Artificial Intelligence），IoT，DevOps（システム開発・運用の一体化・自動化），DevSecOps（サイバーセキュリティに関する対策・運用の一体化・自動化），ブロックチェーン，API（Application Programming Interface：他システムとのデータ連携に関する仕様およびプログラム），5Gといったところだろう。このような**さまざまなデ**

ジタル技術を組み合わせて，企業の競争優位を確立すべく行っていく活動全般
を，デジタルトランスフォーメーションと認識しておけばよいだろう。

❸ 「クラウド」とは？

● さまざまなサービス形態がある

　「クラウド」と表現されることが多いが，「クラウドコンピューティング」が
正式な用語となる。ハードウェアおよびソフトウェアに関連する各種サービス
を，インターネットを介して受けるという，システム利用の形態やシステム環
境そのものを指している。システムイメージ図で，ネットワークのことを雲で
表現することが多かったことから，クラウドコンピューティングと呼ばれるよ
うになった。

　クラウドコンピューティングは，そのサービスの形態によって，いくつかの
種類に分かれている。SaaS（Software as a Service），IaaS（Infrastructure
as a Service），PaaS（Platform as a Service）がその代表格になる。昨今では，
DaaS（Desktop as a Service）やMaaS（Mobility as a Service）等，さまざま
なas a Serviceと呼ばれるクラウドコンピューティングを活用したサービス形
態が登場しており，これらを総称してXaaS（ザース）と呼ぶこともある。

　ビジネスマンの中には，種類が多くてイマイチよくわからないという人も多
いかもしれないが，代表格の3つについてはある程度理解しておいたほうが，
データドリブン経営を進めていくための仕組みを構築する際に役立つだろう。

● SaaS（サース）

　まずSaaS。これは，**ソフトウェアの提供をクラウドで受ける**というもので，
多くの日本企業で活用されている。多くのビジネスマンが知らず知らずのうち
に使っている可能性が高い。

　代表的なサービスとしては，セールスフォースやマイクロソフトの
Office365が挙げられる。その他にも，インターネット経由で，Webブラウザ
でアクセスするサービスはSaaSである可能性が高い。

　料金体系はサブスクリプションのものが多く，1ユーザー月額当たりの料金でサービスを受けられることが多い。ユーザーとしては特に何も意識せずに業務に使うことができ，情報システム部門としてはハードウェアやアプリケーションの保守をしなくても済む点でメリットが大きい。その反面，利用料が高額になる。

IaaS（イアース）

　次にIaaSについて。これは，自社資産のサーバーを自社もしくは自社が契約しているデータセンターに置く代わりに，**インターネット上のハードウェアリソースを借りるサービス**である。自社のハードウェアがクラウド上のサーバーに取って代わるため，資産の圧縮やハードウェアトラブルによる交換作業，経年劣化に対する対応等が必要なくなるメリットがある。また，ハードウェアの買い増し等も不要（領域を拡大するだけで済む）となることも，メリットとして挙げられる。

　ハードウェアの部分だけが置き換わるので，ミドルウェア（コンピュータのオペレーティングシステムとアプリケーションの間を取り持つソフトウェア）やアプリケーションソフトウェアについては，これまでどおり，インストールからアプリケーション保守まで自ら行う必要がある。

PaaS（パース）

　最後にPaaSについて。**IaaSのハードウェア部分に加えて，開発環境を含むミドルウェアまでをセットで提供しているもの**である。少し専門的な面があるが，簡単にいうと，すぐにアプリケーションを開発できる環境が提供されているため，そのうえでアプリケーションを開発し，早期に本番稼働が可能になるというメリットがある。

　自社で環境を整えようとすると，ハードウェアを購入し，そのうえで開発環境をミドルウェアのインストールおよび各種設定で完了させなければ開発がスタートできないが，PaaSの場合はすぐに開発からスタートできる。

30

デジタルトランスフォーメーションの中心に据えるべき技術

　まとめると，SaaSは全部込み，IaaSはハードウェアのみ，PaaSはハードウェアと開発環境まで込み，ということになる。目的や自社の環境に合わせて，どの種類のクラウドを採用するかを決めていくことになる（**図表1-10**）。

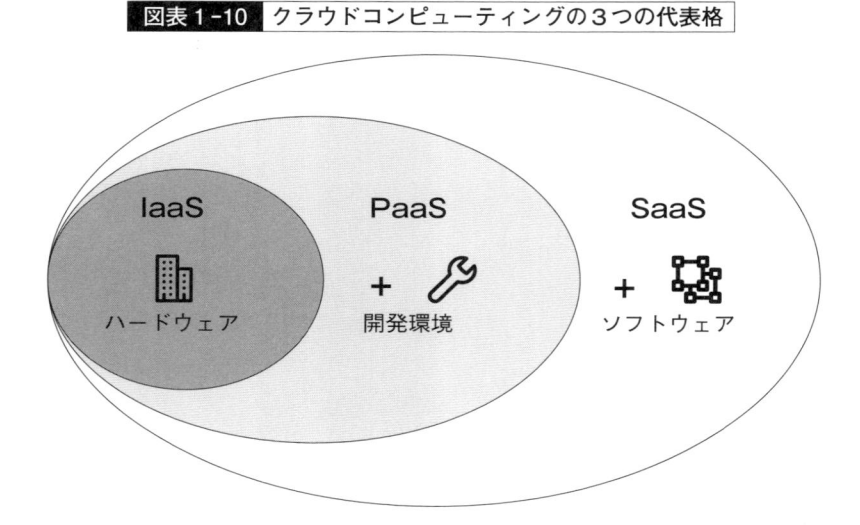

図表1-10　クラウドコンピューティングの3つの代表格

　このクラウドコンピューティングの技術は，これまでのシステム環境を根本的に変えるものであり，この技術の進歩が現在の爆発的なデジタル化の波を加速させている要因ともなっている。**デジタルトランスフォーメーションの中心に据えるべき技術**でもあるので，用語とその大まかな内容については押さえておいたほうがよいだろう。

❹　デジタルは若い人にしかできないのか？

若いか，若くないかは関係なし

　デジタル技術を使いこなすという面で，スマートフォン等を使いこなしている若者が適任だといわれることは多い。特にB to Cビジネスの場合，顧客の対象をミレニアル世代と想定すると，デジタルへの対応が必須ということもあっ

て，そのようなイメージが強まっているように感じられる。

　結論からいうと，若いか若くないかは特に関係がない。デジタルネイティブと呼ばれる若い世代のほうが幼い頃からスマートフォンやスマート家電に囲まれて生活しているという点では，デジタル技術を受け入れやすいという利点はあるかもしれない。ただ，それは最初だけで，結局のところ実用段階に進もうとすると限界が見えてくる。

● 柔軟性と伝える力

　ここ数年，多くの日本企業で，デジタル化に対応するための専門組織や専門チームが組成され，そのメンバーとして若手が集められ，さまざまな取組みがなされてきた。しかし，目立った結果を残せた組織は，客観的に見て多くはなかった。もちろん，いくばくかの成果はあったから失敗だという話にはなっていないが，発足当時の経営層の期待からすると，納得のいくものは少なかったと思われる。

　最初の検証段階ではそこそこうまくいったとしても，実行段階の現場に展開していくところで思うように進まなかった例が多い。古いやり方を正としている現場に新しいやり方やツールを導入するためには，古いやり方を理解したうえで，どう変えていく必要があるのかを納得させる必要がある。しかし，経験の浅い若手では，その部分を埋めることがなかなかできず，結果として，いいものを提案できたとしても導入が進まなかった例が多く見られた。

　結局のところ，年齢に関係なく，デジタル技術や既存の仕組みに対する理解があり，古いやり方をどう新しく変えていけばいいのか，導入後の姿まで含めて描くことができる人材が必要となる。もう少し端的にいうと，**さまざまな技術ややり方に対応できる柔軟性を持ち，柔軟に対応する方法を他人に伝授できる人であれば，年齢は関係ない**ということである。

　日本企業だと，上下関係があるとなかなか言うことを聞いてもらえないというケースも多い。このため，柔軟性を持った管理職（できれば役員や部長級）を抜擢できるかどうかが，成功要因の1つとなる。日頃からそのような人材を

自社の中で見つけておくことが，データドリブン経営実現に向けた第一歩といえよう。

❺ AIはそんなに必要か？

● 海外企業は冷めている？

AI（Artificial Intelligence）のことを聞かない日はないぐらいに，多くの日本企業がAIを企業経営の中で活用すべく奮闘している。ただ，日本企業のAI熱は異常ではないかと感じることも多い。グローバル企業の動向を見ている側からすると，AIの活用はどの企業も視野に入れているものの，これほどまで情熱を注いでいる企業はほとんど存在しない。

AIに限らず，日本企業のCIOは，先端技術に対する関心が非常に高いことが，調査結果からもわかっている（**図表1-11**）。この原因としては，海外の企業は，技術を使った先にある結果をどう活かすかに着目するのに対して，日本企業は，技術そのものとその技術で何ができるのかに着目する傾向が強いことが挙げら

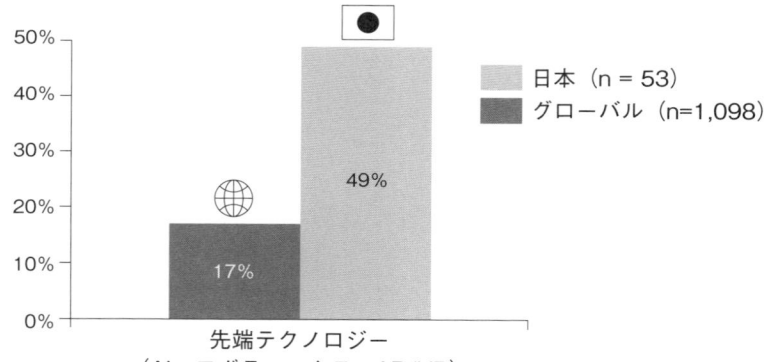

図表1-11 先端技術に対するCIOの関心度合い

先端テクノロジーは今後2年間に自社ビジネスに大きな影響があると考えられる
※「Yes」と答えられたCIOの比率

日本（n＝53）
グローバル（n=1,098）

先端テクノロジー
（AI，ロボティックス，AR/VR）

（出所：2016-2017 Deloitte Global CIO Survey）

れる。先端技術に対する理解の度合いが違う（すでにある程度知っているので，それほど関心がない）という見方もできるが，海外企業は，現地で見聞きする限り，戦略を実現するために必要であれば先端技術を使うが，古い技術で十分であればそちらを優先するというスタンスのところが多い。

● AIに対する理解の浅さ

　スタンスの違いという点もさることながら，これほどまでにAI熱が高い原因の1つとして，AIに対する理解が浅いという点も挙げられる。よくわかっていないから，新聞や雑誌でAIという言葉を見ると「これからはAIの時代だ」，「AIがビジネスを変える」といった立ち位置をとってしまいがちになる。これは，多分に外部の煽り方に問題があると思われる。だが，AIのことを正しく知れば，落ち着いた対処をすることは可能なはずである。

　日本のビジネスマンの多くは，AIがさまざまなことを自ら判断し，自動化してくれるものと捉えている。しかし，人のように，こちらの思っているとおりに自走して判断するまでには至っていない。したがって，**AIがどういう部分を得意としていて，どういう部分がまだ発展途上なのかを把握しておくことが重要**になる。

● 決まった処理を正確に実行する機能

　では，最低限押さえておくべきレベルという観点で，AIについて触れておこう。

　AIにはいくつかの分野がある。その分野によって，できること，およびできるようにするための方法が変わってくる。ここでは，企業経営に関係するであろうAIの分野についてだけ触れておこう。

　現在，日本企業で最も身近に感じられるAIは，「RPA（Robotic Process Automation）」だろう。これもAIの一種と考えられ，さまざまな処理を自動化する機能を提供する。RPAに限らず，処理を自動化するプログラムには，さまざまなケースを想定した処理が記述され実行されるが，この**決まった処理を**

正確に実行する段階が，最も単純なAIといえる。

　日本企業ではRPAが頻繁に話題に上り，活況を見せている状況ではあるが，これは新聞等を賑わせているようなAIとは同じものとして捉えられてはいない。したがって，もう少し別の分野について理解する必要がある。

● 機械学習

　次に触れておく必要がある分野は，「機械学習」の分野である。Machine Learningと呼ばれることもある。コンピュータに学習をさせて，より効率的に結果を得られるようにする分野である。細かくいうと，言語関連，画像関連，音声関連といった分野ごとに用いられる技術も異なってくるが，ここでは機械学習全般の特徴を押さえるに留める。

　何らかの処理を自動的に行う際に，その判断を行うためのインプット情報を与え，AIがより正しく判断できるよう内部にそのパターンを学習させていくプログラムが，機械学習の基本である。イメージとしては，赤ちゃんの頭脳に言葉や行動のしかたを教えていって成長させていく（体の成長は考慮しない）ようなもので，頭脳がコンピュータになるので学習スピードは相当速いという代物である。

　より正しい結果を得ようとする場合，正解例や失敗例のパターンを多く覚えさせることになるが，ポイントは，どのような場合にどういった結果を得るのかというパターンをいかに数多く作ることができるか，である（**図表1-12**）。

　ここで，機械学習を企業経営に取り入れる場合のことを想定してもらいたい。何らかの業務を自動化する際に，AIに判断させて効率化や精度を上げようとすると，前述のように数多くのことを学習させなければならない。具体的には，対象業務のやり取りに関するデータや，何が正解かというデータをインプットする必要がある。

　社内の問い合わせを自動処理するチャットボットを作成する場合，問い合わせ内容の種類とその内容に対する答えをインプットし，その後の運用の中でも，間違った内容の補正といった処理を行って学習レベルを高めていく必要がある。

図表 1-12　インプットがあるからこその結果

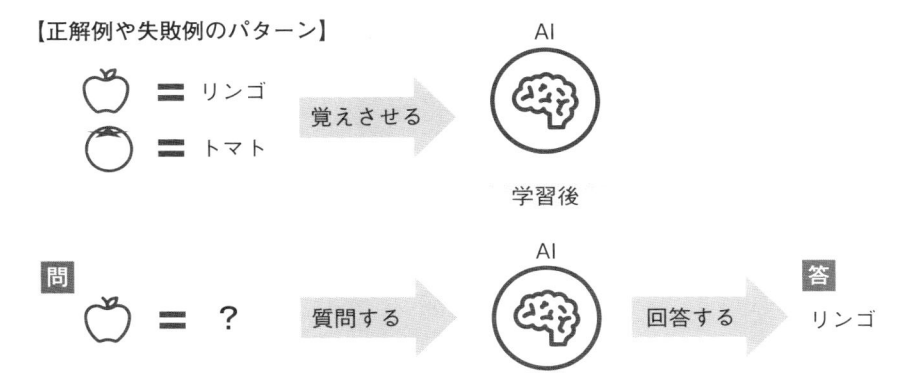

問い合わせの種類が100個あるとしても，複数に跨がる問い合わせや別の問い合わせが混じるといったさまざまなパターンを考慮しなくてはならないし，回答についてもその原因によってさまざまなパターンを用意する必要がある。

　問題は，それだけのインプットデータが存在している業務かどうかである。問い合わせ内容に対してFAQのようなものが整理されている業務であれば，その内容をインプットすれば済む。そうではなく，現在は人が判断してやっている業務であれば，その判断をデータに落としたうえでAIに学習させる必要が出てくる。また，インプット量も100や200ならまだしも，何千何万といったデータ量になると，学習させるまで相当の時間を要することになる。

　このように，可能性が大きく広がる機械学習の分野ではあるが，**その学習のためのデータを揃えられるか，そのデータ量を勘案したときにどれぐらい工数がかかるか，といった面を総合的に考えて導入していく必要がある**。もちろん，日々進歩しているこの分野であるので，以前よりも学習方法については柔軟性が高まっており，工数も少なくて済む方法が出てきてはいる。まずは，**AIが魔法の小箱ではなく，それ相応のハードルがあることを認識しておくことが必要**である。

⬤ ディープラーニング

　最後に触れておく分野は「ディープラーニング」である。こちらも新聞等でよく目にする分野になってきている。前述の機械学習の一分野であるが，ニューラルネットワークと呼ばれる技術を使った，より人が自然に行う処理をさせるための分野である。この分野の発達によって，さまざまな判断をコンピュータができるようになっており，特定の分野（金融関連や医療関連等）では，この技術を使って，人が判断や計算をすることが難しかった課題解決に対して実用化されている。

　しかし，通常の企業活動にディープラーニングが用いられているかというと，まだまだ課題があり，実用化は遠い状況にある。最も大きな問題は，機械学習のところでも触れた，学習させるためのデータである。ディープラーニングの場合は，コンピュータが認識できるデータの変化（特徴量と呼ばれる）を抽出する必要があるのだが，その特徴量を見つけるためには大量のデータが必要になる。それだけ大量のデータを用意することが難しいという点と，その大量データを処理するマシンパワーが必要になる点で，ハードルがまだまだ高い。また，企業活動の中にそれだけの計算量が必要になる自動化対象・判断対象があるのかという点についても，明確な答えが用意できないことが多い。

　ディープラーニングを企業活動に取り入れる必要があるのは，現段階では特定の業種・業務だという認識でいるほうがよいだろう。

⬤ AIありきの発想は避ける

　ここまで簡単にAIの種類や特徴を見てきた。日本企業が活用を検討するいわゆる「AI」は，機械学習の分野が主であり，ディープラーニングのような高度なAIは必要とされないことが多い。そして，機械学習を取り入れる際にも，学習用のデータが用意できるかどうかに依存するところが大きい。企業として何を実現したいのか，その実現のためには機械学習等のAIの力を借りないと無理なのか，AIを使う場合に学習データを用意することは可能なのか，といったステップで検討を進める必要がある。

　AIを使えば解決できる，といったAIありきの発想は避け，それよりも迅速に企業が実現したいゴールにたどり着く方法を検討すべきであろう。

❻　「IoT」とは？　どんな時に必要？

● モノのインターネット

　「IoT」も昨今頻繁に用いられる用語の1つである。Internet of Thingsの略で，モノのインターネットという訳され方が一般的である。

　企業活動の中では，**さまざまなモノをインターネットにつなぎ，外部とそのデータをやり取りすることで新たな付加価値を生み出していく取組み全体を**IoTと呼ぶことが多い。さまざまなセンサーを取り付け，そのセンサーで読み取った情報を，インターネットを介してメインコンピュータに送り，そこでデータ処理・分析を行って次のアクションを起こすといった一連の流れを実現するために，IoTに関連する技術が使われることになる。GPSやジャイロ（角速度）センサーが搭載されているスマートフォンもIoT機器の1つであり，時計やリストバンドから心拍数を取得する機器類もIoT機器と呼ばれる世界である。

● 人が検知できないデータを収集・分析する

　これらセンサーから取得できるデータを使ってさまざまな処理を自動化していく世界は，前述のデジタル，ビッグデータ，AIといったものと親密な関係にある。

　人が検知するのではなく，モノがセンサーを通じて情報を検知し（その情報には人では検知できないものもある），その情報を，インターネットを介してコンピュータに送って処理する。この世界はまさにデジタルの世界であり，その検知された膨大なデータ（例えば，位置情報を1秒ごとに送るとすると1日に86,400レコードとなる）はまさにビッグデータの世界であり，そのデータに対して統計解析等の処理を行う際にAIを活用するといった具合である。技術の進歩により，さまざまな顧客への付加価値の提供や企業の業務に活用できる

可能性があるとして，期待が高まっている分野であることは間違いない（**図表 1-13**）。

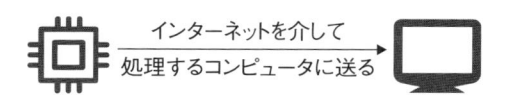

GPS（位置情報）や時計（心拍数）などのIoT機器・センサーからデータを取得する　AIを活用して統計解析等の処理を行う　顧客への付加価値を提供する　企業業務に活用する

　IoTは，人が検知することが難しいデータを，センサーやその他のデバイスを通じて取得する必要があるケースで活用される。また，人の目が行き届かない（データが大量にありすぎる場合も含む）ケースでも，有用であると考えられる。そういった観点で，B to CのケースだけでなくB to Bのケース，オフィス内や工場内といった社内環境での活用等，さまざまな応用を検討していくとよいだろう。

❼　B to Bビジネスにデジタルは必要？

　B to Cビジネスはデジタルなくして語れない

　デジタルは，主にB to Cの世界で使われ始めたこともあって，B to Cビジネス特有のものと捉えられがちである。確かに，eコマースをはじめとして，スマートフォンアプリでの取引や決済といった機能は，B to Cビジネスで大きなディスラプティブ（破壊的な変化）を起こしてきた。

　インターネットを介してさまざまなタイミングで顧客とつながるというデジタル特有の利点は，特にB to Cビジネスで新たな付加価値を生み出すことに寄与してきた。現在では，**デジタルなくしてB to Cビジネスを語ることができない**ほど浸透してきたことは事実である。

● B to Bビジネスでもデジタル化は大きな役割を担う

　それでは，B to Bビジネスではデジタルが寄与する分野はないのだろうか。結論からいうと，B to Bビジネスにとってもデジタルは非常に重要な要素となっている。業界標準のプラットフォームを通じた取引を行うケースや，デジタルマーケティングの活用等，デジタルが当たり前の世界が作られつつある。**特に，プラットフォームを介したSaaS型のサービス等は今後主流になると考えられており，デジタル化による新たな付加価値提供を模索する動きは活発化するだろう。**

　また，B to Bビジネスに限った話ではないが，自社の業務プロセスをデジタル化していくことによって，業務効率の向上やオペレーションの高度化・精緻化が進み，自社のサービスレベルが高まることによって新たな付加価値を生むことも可能になっている。例えば，営業担当が必要な情報を検索したり顧客訪問履歴を共有したりするうえで，インターネット上にあるSaaSサービスを携帯端末から使うことによって移動中でも業務ができるようになる，といったデジタル化による変革は，大きな価値を生むことになる。

　このように，B to Bビジネスでもデジタル化は大きな役割を今後担っていくことが予想され，ビジネスモデルにかかわらず，デジタル化による変革を常に考える必要がある点は認識しておくべきである。

❽　基幹システムのデジタル化とは？

● パッケージであればクラウド化が可能

　昨今，デジタル化の波が，会計・販売・購買・生産・人事といった企業の中心的業務をつかさどる基幹システムにまで及んできているという話が頻繁に聞こえてくるようになった。確かにその動きはあり，海外では基幹システムの再編に合わせてデジタル化を進める事例が多く出てきている。しかし，基幹システムのデジタル化については，しっかりと整理して理解しておく必要がある。

　デジタル化の定義が「インターネットを介してつながること」であることは前述のとおりだが，この定義に照らすと，基幹システムのデジタル化には，イ

ンターネットを介してアクセスでき，さまざまな外部リソースとつながりやすくすることが求められることになる。それを実現するためには，クラウド上に基幹システムが展開されるということが必要になり，そのようなことを現実に行うには，**パッケージとして導入されている基幹システム以外は難しい**という点を認識しておく必要がある。つまり，金融機関の勘定システムのようなホストコンピュータを使った大型のシステムをデジタル化することは難しく，一方でERPのようなパッケージで構成された基幹システムはクラウドに移行することが可能であるということである。

⬤ 効率的なデータ連携が可能に

基幹システムのデジタル化がもたらすメリットについて，簡単に触れておこう。

データドリブン経営において必ず活用されるデータは，自社のデータである。そのデータは，分析の精度を上げるために，詳細な明細レベルである必要がある。それらのデータは，基幹システム内に日々のトランザクションとして格納されているため，基幹システムのデータをいかに活用するかがデータドリブン経営の鍵となる。

また，複雑なビジネス環境に対してさまざまな分析を行うためには，基幹システムだけのデータでは足りず，外部のシステムやクラウドサービス内のデータと結合させて分析することが必要になる。この際に，**クラウド上に基幹システムをうまく配置することができれば，効率的にデータを連携させることが可能**になる。分析ツールも，さまざまなクラウド上の外部ツール（AIを含む）を活用することができるため，メリットが大きいと考えられる。

しかし，**クラウドに基幹システムを置けば必ずメリットを享受できるわけではない**。企業によっては他システムとの関連上（システムアーキテクチャーの構造上），クラウドに基幹システムを移行できない場合もあるだろう。また，データ量によっては，回線の遅いインターネットを介してはビジネスが実現できないという制約が生じることもある。自社にとって基幹システムのデジタル

化が何のために必要で，どのように実現すべきかをよく吟味する必要がある。

● 基幹システムのデジタル化の方法

　なお，基幹システムのデジタル化にはいくつかの方法が存在する。

　1つ目は，IaaSを使って，クラウド上のハードウェア環境に現在の基幹システムを乗せ換えるというものである。基幹システムそのものの移行は比較的やりやすいが，当該システムと連携していたインターフェースをすべてつなぎ替えないといけない点がネックになる。

　もう1つは，SaaSを使うというものである。SAPやOracleといった著名なERPがパブリッククラウド（専用線ではなく公衆回線，つまりインターネットを介したクラウド環境）上で動くERPをリリースしているが，これらを活用するパターンである。新規で作り直すイメージになるのと，インターフェースを張り替える必要がある点がネックになる。

　最後に考えられる形がハイブリッド型である。これは，クラウドに移行でき

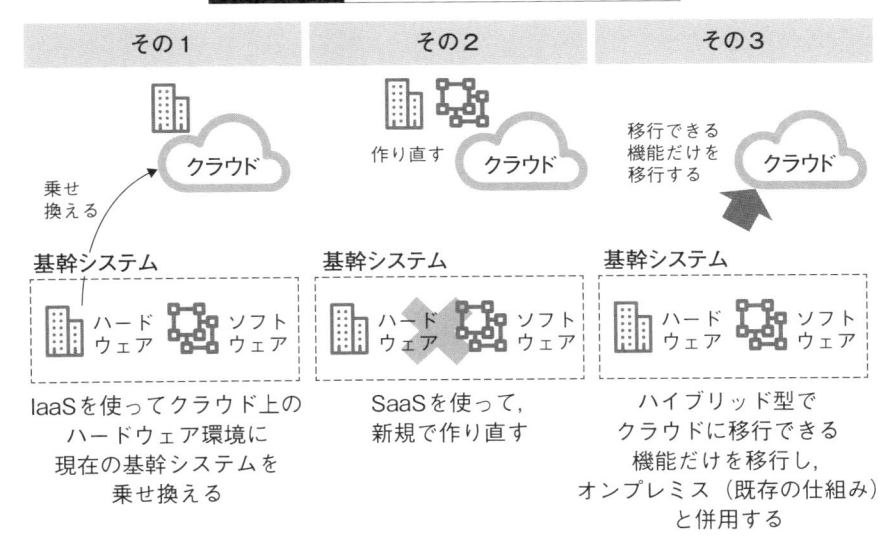

図表1-14　基幹システムのデジタル化方法

その1	その2	その3

IaaSを使ってクラウド上の
ハードウェア環境に
現在の基幹システムを
乗せ換える

SaaSを使って，
新規で作り直す

ハイブリッド型で
クラウドに移行できる
機能だけを移行し，
オンプレミス（既存の仕組み）
と併用する

る機能だけを移行し，オンプレミス（既存の仕組み）と併用する形である。機能を細分化してそれぞれをつなぎ合わせる形になるため，そのような機能分担をうまくできるアーキテクチャーを構成できれば有効な手立てとなる。ただし，難易度がかなり高いため，専門性が必要となる（図表1-14）。

● あえて高いハードルに挑む姿勢が必要

　このように，基幹システムのデジタル化という文脈は，実現できれば企業経営に非常に有効であることは間違いないが，実現に向けたハードルは相当高いと認識しておく必要がある。**大きいメリットと実現に向けたハードルを冷静に分析し，チャレンジするか否かを確定させる必要がある。**

　海外企業と違って，日本企業は基幹システムを肥大化させてきた歴史がある。このため，基幹システムのデジタル化に対するハードルは非常に高い。しかし，海外企業の多くはデジタルトランスフォーメーションの一環として基幹システムのデジタル化を実行してきているので，競争優位の確保という観点から，あえて高いハードルに挑む姿勢が必要なことも事実である。今後，当該分野については，日本企業が特に注意を払うべき分野だといえよう。

　以上，第1章では，データドリブン経営を語るうえで，日本のビジネスマンが疑問に思っていると考えられる部分について，最低限理解しておくべきレベルで解説を加えてきた。

　次章以降では，これらの前提事項をもって，日本企業がなぜデジタル化やデータドリブン経営に取り組まなくてはならないのか，具体的にどのように自社の仕組みを整備していけばよいのかを解説していく。

　残念ながら，多くの日本企業の置かれている状況は厳しい。しかし，厳しい状況を打破しなければ未来はない。日本企業が生き残るためになすべきこと，という観点で読み進めてもらいたい。

第2章

日本の企業経営を揺るがすデジタル化

　本章では，デジタル化の波が日本企業にどういった影響を及ぼしているかについて見ていこう。

　データドリブン経営が再度脚光を浴びている背景として，デジタル化によってさまざまな情報（データ）が取得・分析できるようになった点がある。この情報をどう経営に活かすのかが，競争優位確立の重要なファクターになっている。

　このようなビジネス環境の中で，多くの日本企業はデジタル化の波に乗りきれず，結果としてデータドリブン経営を思うように進められていないという現実がある。なぜそのようなことになっているのかを明らかにし，その原因に対してどういうアプローチで対処していくことで競争力を確保できるかを構想する一歩としたい。

1 デジタル化がもたらす情報の変化

デジタル化の波によって，インターネットを介してさまざまな情報が手に入るようになった。これは，企業が顧客に関する情報（嗜好や感想を含む）を容易に入手できるようになっただけでなく，顧客側が企業の情報を容易に手に入れられるようになったことも表している。

それまで，顧客アンケートを紙で回収するしかなかった世界から，そのアンケートでは取得できなかった情報がSNSやその他のサイト，モバイルアプリ等から取得できるようになった。これによって，企業側は商品企画にその情報を取り入れたり，市場への参入戦略をデータに基づいて決めたりすることができるようになった。一方で，顧客側は企業の製品情報や口コミ情報をデジタル化の波の中で簡単に取得できるようになり，購買行動が以前と変わってきている。取得できる情報が変化してきたことで，企業および顧客の行動が変化してきているわけだ。

繰り返しになるが，このような変化を巻き起こしたのは，**デジタル化であり，それによってもたらされたデータの変化である**。では，データはデジタル化によってどのように変化したのだろうか。

❶ データ量

⬤ 2025年には2018年の6倍に達する？

まず変化したのはデータ量である。デジタル化によって，以前は限られた正規化されたデータを扱うのみだった企業は，インターネットを介して収集できるさまざまなデータを取り込めるようになった。そのデータは正規化されたデータだけでなく，動画や音声といった非構造化データにまで及んでいる。さらに，IoTの発展によって，各種センサーのデータも収集可能になってきた。

これらのデータがどれぐらい増えているのかを想像してもらいたい。例えば，ビジネスマンが業務で作成したExcelのシートは，大量のデータを入力してい

たとしても，せいぜい数百キロバイトから数メガバイトのファイル容量となる
程度であろう。しかし，非構造化データである動画を想定すると，解像度に
よって容量は大幅に変化するものの，例えばフルHDの画質で1時間の動画は
6ギガバイトから7ギガバイト程度となる。企業もプロモーション映像等で動
画を使うことが増えてきているため，企業内で取り扱うデータ量は飛躍的に増
えてきていることがわかる。また，社員1,000人に持たせたIoT機器で，毎秒
GPSの位置情報を送信することを想定すると，1日に8,640万レコードを送る
ことになる。1レコードは数バイトだが，これが毎日増えていくと，そのデー
タ量は相当なものになる（**図表2-1**）。

　このように増え続けるデータであるが，IT専門調査会社・IDCの予測による
と，2025年にはグローバルで175ゼタ（10の21乗）バイトにまで達するとされ
ている。これは，**2018年のデータ量の約6倍に相当し，今後デジタル化が進
むことによって，それだけエクスポネンシャル（指数関数的）にデータ量が増
加すると予想されている。**

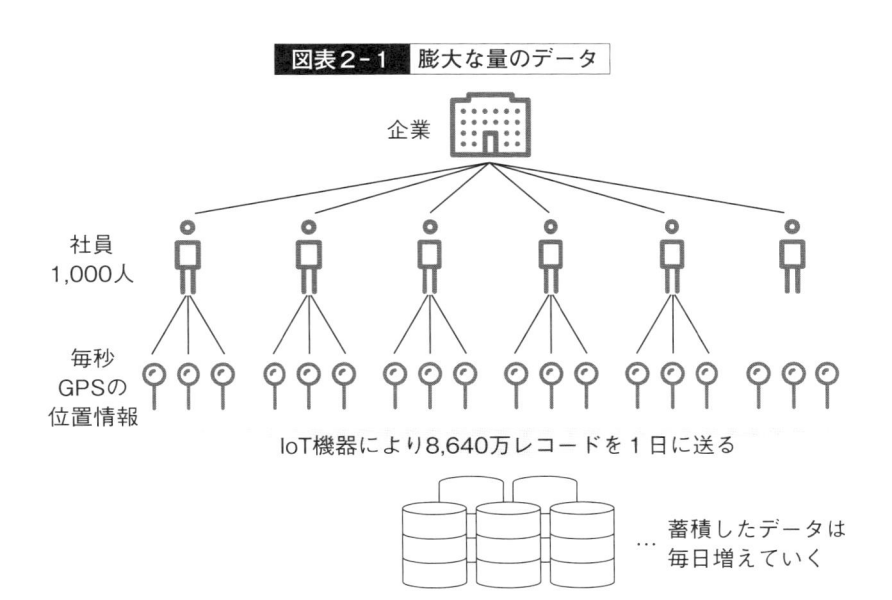

図表2-1　膨大な量のデータ

企業

社員
1,000人

毎秒
GPSの
位置情報

IoT機器により8,640万レコードを1日に送る

…　蓄積したデータは
　　毎日増えていく

● 情報システムへの影響

　企業が扱うべきデータ量が増えれば，分析に必要なコンピュータリソースも大幅に増加する。そうした企業側にもたらされる変化にどう対応するかには，常に気を配っておく必要がある。

　企業の情報システムに大きな影響を与えることになるため，**先を見越したシステムアーキテクチャーの設計と，柔軟なデータ連携（APIを含む）の仕組みを備えておくことは必須**といえるだろう。

　また，大量のデータを自社で扱うということは，当然守るべきデータが多くなるということを表す。このため，**セキュリティに関する対策も先を見越したものにしておく必要がある**。具体的には，NIST（米国標準技術研究所）のSP800-171対応やISMS/ISO27000シリーズへの対応と，ECM（Enterprise Contents Management）導入によるデータアクセス管理の実現等が必要となる。

❷　データの種類

　次に挙げるのは，データの種類の変化である。前述のように，正規化されたデータだけでなく，さまざまなデータが取り扱われるようになったことで，企業側もさまざまなデータを分析できる基盤が必要になってきた。分析に関しても，キーワード検索のみならず，動画や画像内の特定の動きや人物・構築物等を検索したり，その動きを計算することで何らかのモデルを導出したりと，さまざまな機能が必要になっている。

　現在，多くの企業で扱う代表的なデータ種類を構造化／非構造化の区別でまとめると，おおよそ以下のとおりである。

☑　構造化データ
- 基幹システムデータ（正規化されたデータ）
- 各種ファイル（提案書，報告書，契約書等）
- インターフェース用ファイル（CSV形式，固定長形式）

☑　非構造化データ
- メールデータ

- 動画データ
- 音声データ
- 画像データ
- SNS等のログデータ
- システムログデータ
- XMLファイル　等

　少なくとも，**これらのデータを分析できるよう，ツール類の整備やデータベースの整備を行う必要がある。**今後，新たなファイル形式が追加されることも予想されるため，技術動向には目を光らせたうえで先を見越した対策を講じていく必要がある。

❸　データ精度

⬤　取得の時間短縮や詳細データの把握による向上

　次はデータ精度である。データ精度は，詳細なデータが集まれば集まるほど上がっていく。この点でも，**デジタル化が大幅な進歩をもたらしている。**

　以前は日次でしか取得できなかったデータがリアルタイムに取得できるようになると，1日の中での推移を詳細に分析することが可能になる。このため，これまでは気づかなかったような新たなアクションを導き出すことができるかもしれない。あるいは，取得できるデータの範囲が広がったことによって，精度が上がる場合もある。例えば，これまでビル全体でしか把握できなかった電力消費量が，各部屋に設置したスマートメーターによって各部屋（あるいは各電気設備）ごとに把握できるようになったケースがこれに当たる。

　これらはデータ取得側のデジタル化による進歩だが，別の観点では，モバイル化の進歩やユーザーエクスペリエンスの向上（ここでは，入力がしやすい画面等，体験価値が上がることでユーザーが進んで入力を行うようになることを指す）によるデータインプット精度の向上が寄与するケースもある。これまでPCの画面でオフィスにいるときにしかデータのインプットができなかったものが，スマートフォンでリアルタイムにインプットされるようになれば，デー

タ取得の精度が著しく向上する。また，これまで入力が滞りがちだった業務が
あった場合，入力しやすくすることで重い腰を上げさせることが可能になり，
精度が上がるケースも考えられる。

● 意思決定・アクションの精度も上がる

　今後，ハードウェアおよびIoTの発展に伴って，前述のようなデータ取得の
時間短縮による精度向上や，より詳細なデータを把握できる仕組みが整備され
ることによる精度向上は，ますます進歩を見せていくことだろう。

　精度が上がるということは，**データドリブン経営における意思決定およびア
クションの精度が上がることを意味する**。つまり，**競合他社に対する競争優位
の1つとなる**。どのデータの精度が上がれば，競争優位を確立するためのアク
ションの精度が上がるのか，といったことを見極めながら，デジタルトランス
フォーメーションを推進することが重要になる。

❹ データ取得スピード

● 公衆回線とハードウェアの発達

　❸でも触れたが，データ取得にかかる時間が日次からリアルタイムに短縮さ
れるといったスピードの短縮がデジタル化によって実現している。ここにもイ
ンターネットが大きく貢献しているが，**公衆回線（データ通信網）の発達**（4
G等）が，そのインターネット活用を容易にしたという意味でデータ取得ス
ピードの立役者といえよう。

　もう1つの立役者は，**ハードウェアの発達**である。ハードウェアの処理速度
が上がったことによって，処理が終わるまで待たなくてはならない時間が短縮
され，結果として，データの取得スピードが向上することになる。

　例えば，筆者は2000年に，ある大手企業の基幹システムの導入支援に従事し
ていたが，その際，本番機データベースサーバー（UNIXサーバー）のメモリ
は2GBであった。それでも最新機でハイスペックのものであり，実際にこの
スペックで1か月のインプットデータを一晩のバッチ処理（データを溜めてお

き，一気に処理を行う方式）で実行していた。

　2GBのメモリといえば，今のスマートフォンのメモリの半分くらいの大きさである。単純に比べられるものではないが，20年前に一晩かかっていた大手企業のデータ処理が，手のひらで行えるようになっているということである。当然，現在のスマートフォンの使い方だと，それだけのデータ量を処理することもないため，日頃のデータはほぼリアルタイムでやり取りすることが可能になっているのである。

● 処理能力が競争優位につながる

　今後は，5Gの登場によるネットワークの発展，環境の向上，さらなるハードウェアスペックの向上等を通して，リアルタイムで収集できるデータがさらに多くなることが予想される。また，現在，データ処理に長時間かかっているものが，数分数秒という単位になるものも増えてくるだろう。

　データの処理能力がデータ精度にも影響を与え，データドリブン経営における意思決定やアクションの精度を高めることに寄与することを勘案すると，**常に技術革新を自社に取り入れ，取得スピードの向上に投資をしていくことが，競争優位確保に向けた有効な施策**であることがわかるだろう。

❺　データの形態

　デジタル化はデータの形態を大きく変えている。すべてが電子データに置き換わることはまだないが，これまで紙で保存していた情報が電子データに置き換えられるスピードは，飛躍的に速くなっている。

　新聞や雑誌，書籍といったものは，すでに電子化が相当進んでおり，それによって記事検索等にかかるスピードが著しく向上している。契約書や監査報告書といった従来から紙で保管されることが当たり前の資料についても電子化が進み，劣化を気にしたり物理的な保管場所の確保に頭を悩ませたりする必要はなくなった。最終的に紙媒体がなくなるかどうかはわからないが，検索性の高さと他のデータとの連携の容易性から，電子化はさらに加速されていくであろ

う。

データの形態に関しては，電子化の方向に動くことを予測して必要な対応を行っていけばよい。しかし，例えば，契約書等についてブロックチェーンの採用により電子契約がデファクトスタンダードになるといった事象が起こったりすると，そのタイミングで急ぎ対応せざるを得なくなる。**デジタル化の波に乗り遅れないためのキャッチアップだけは，常にしておく必要がある。**

ここまで見てきたとおり，デジタル化によってデータに関するさまざまな変化が起こっている。その変化はこれからも続くことが予想されており，それに備えて**先を見越した対応を常に考えていかなくてはならない。**

客観的に見て，現状で技術の進歩やデータの変化に追いつけている日本企業は限られている。しかし，データが競争優位を確立するうえで非常に重要な要素であることはすでに述べたとおりである。その対応に向けて，**データの変化が及ぼす企業活動への影響を常にウォッチし，キャッチアップしていくことは，何よりも重要**なことである。

2 情報の変化が企業経営を変える

デジタル化が情報（データ）の変化をもたらし，その変化は今後も続いていくことが予想されている。そのような変化が企業経営にどのような影響を及ぼすのか，企業経営における各局面での変化を整理してみよう。

❶ 意思決定アプローチの変化

◗ 迅速な分析処理が寄与

多くの日本企業では，これまで，意思決定を月次の経営会議等で行い，ミドル層でも月次データをもとに次月のアクションを決めるという，いわゆるPDCAサイクルを回していた。この際の意思決定に用いられる資料は，正規化されたデータを用いた定型レポートが多く，一定の分析が行われた結果を見な

がら判断するスタイルが一般的であった。ミドル層でも同様の傾向があり，決まった形でのドリルダウンレポートを使って次のアクションを決めるスタイルが一般的であった。月次の資料は，次月の中旬頃になるまで出てこない。このため，アクションが遅れる傾向にもあった。

　デジタル化が進むにつれて，データの多様性，データ量，データ精度が変化し，より多面的な分析や，月次サイクルから週次サイクルへの移行がなされるといった意思決定アプローチの変更が徐々に行われている。日本企業でも先進企業になると，週次で意思決定プロセスを回し，在庫量のコントロールや生産量の決定をマーケットの変化に合わせて行っている。このような**意思決定アプローチの変化は，これまででは把握できなかったデータが必要なタイミングで収集できるようになり，その分析処理そのものが迅速に行えることになった点によるところが大きい。**

　ミドル層においても，これまでよりも分析に主眼が置かれた意思決定プロセスに変更されてきている。アクションを決める前にさまざまなデータを分析したうえで意思決定する方向へ舵を切っている企業も出てきている。多様なデータを収集できるようになったことで，意思決定プロセスが企業全体で変化してきているといえる。

● より下位層での意思決定へ

　グローバルでは，意思決定をより下位層（オペレーションを行う層）にまで降ろしている企業が増えてきている。このことは，さまざまなデータがリアルタイムに集まり，AIをはじめとしたデジタル技術によって分析がタイムリーに行われることで，**現場の最前線で意思決定できる場が増えてきたことに起因**している。**意思決定が迅速に行われるため経営効率は上がり，より無駄を省いた経営が行われることになる。**

　しかし，日本企業で意思決定アプローチを変化させてきている企業は少数に留まっている。溢れる情報をどのように扱えばよいのかわかっていない企業も多い。デジタル化への対応が不十分なため，意思決定に必要なデータをタイム

リーに取得できていないという背景もある。また，現場層での意思決定はまだまだ進んでおらず，現場レベルで取得できるデータを増やすことや分析処理の自動化といった取組みを活性化させないと，グローバル企業との溝は埋まらないと考えられる。

❷　マーケティングにおける変化

⬤ データドリブンマーケティングも登場

　マーケティングは，デジタル化によって最も大きな変化を遂げた分野といっても過言ではないだろう。eコマース（電子商取引）の発達によって，マーケティングそのものもデジタル化されており，広告もWeb上やスマートフォンへのダイレクトマーケティング等，これまでのテレビ広告や紙媒体の広告とは違ったものが台頭してきている。

　特にアメリカ等では，コンサルティング会社やIT会社が広告収入でトップに躍り出るといった事象が起きており，マーケットのプレイヤーにまで変化が及んでいる。それらのデジタルエージェント企業は，デザイナーやプログラマーを多く雇い，新たなビジネスモデルの構築を進めてきている。

　また，マーケティングオートメーションも，デジタル技術の進歩とともに活発化している。顧客の購買行動に合わせたマーケティング情報の自動提案等が，実際のビジネスの中で活用されている。顧客行動に関するデータも自動で収集され，そのデータを分析することで，次のマーケティングの一手を考える一助にしている。

　データドリブンマーケティングと呼ばれる領域も出てきている。マーケティング施策の決定，マーケティングオートメーションの実施，アクションの評価といった一連のマーケティング活動を，データをもとに推進している企業が現れている。以前に比べて格段に詳細なデータとして顧客の行動を捉えることができるようになったこと，その膨大なデータを処理できるツール（システム）が出てきたことが，デジタルマーケティングの進歩を支えている。

● 基幹システムへの投資からの脱却

　日本ではどうだろうか。残念ながら，マーケット環境が欧米と違うこともあり，デジタルマーケティングの世界は海外ほどの広がりを見せていない。

　広告は従来からの手法がまだまだ主流であり，デジタルエージェンシーが台頭する状況にはなっていない。eコマースは市民権を得て徐々に広がってはいるが，やはり従来の物理店舗のビジネスが主流である。データドリブンマーケティングの世界を志向する企業は出てきているものの，データ分析等でまだまだ発展途上である感が否めない。

　デジタル化を推進してきたB to C企業で，このような取組状況・投資状況である。日本で今後マーケティング分野にデジタル化のビッグウェーブが押し寄せるかどうかはわからないが，マーケティング領域に対する投資意欲が大きくならないと，その実現は難しいだろう。**まだまだ日本企業は基幹システムへの投資が中心である**。これが，デジタル化やデジタルトランスフォーメーションの取組みが活発化することで変わってくることに期待したい（**図表2-2**）。

図表2-2　マーケティングの変化比較

海外のマーケット環境	日本のマーケット環境
Web上の広告やスマートフォンへのダイレクトマーケティング等，これまでのテレビ広告や紙媒体の広告とは違ったものが台頭してきている	広告は従来からの手法がまだまだ主流である
デジタルエージェント企業はデザイナーやプログラマーを多く雇い，新たなビジネスモデルの構築を進めてきている	デジタルエージェンシーが台頭する状況にはなっていない
施策の決定，オートメーションの実施，アクションの評価といった一連のマーケティング活動を，データをもとに推進している企業も現れている	データドリブンマーケティングの世界を志向する企業は出てきているものの，データ分析等でまだまだ発展途上である感が否めない

❸ 経営管理における変化

意思決定スピードの高速化と分析精度の向上

　前述の意思決定アプローチの変化と対になる分野である。デジタル化がもたらした最も大きな経営管理に対する変化は，**意思決定スピードの高速化と分析精度の向上**である。

　意思決定スピードは，人が判断する部分はそれほど大きく変わることはないが，意思決定をするために必要なレポートや分析結果を出力するための処理スピードは，デジタル化によって大きく短縮された。**データの取得スピードと分析処理能力の向上が最も寄与した部分**である。

　一方，分析精度向上の面では，より詳細なデータが取得可能になった点が大きく，データの種類や取得スピードの変化が寄与している。これまで，なぜそのような経営数値になっているのかを分析する際に，最終的には現場に問い合わせる必要のあるケースが多かった。この点，**現場の末端に至る日々のデータにまで直接アクセスすることができるレベルでデータ取得ができるようになった**ため，問い合わせをすることなく，その場で詳細な分析が可能になったのである。

　分析結果の確認の点でも，デジタル化が寄与している。オフィス外にいる場合でもレポートを確認することができたり，モバイルで指示を出したりできるソリューションが提供されるようになった。海外では，多くの企業で当たり前のように使われており，会議に縛られることなく，必要な意思決定をいつでも

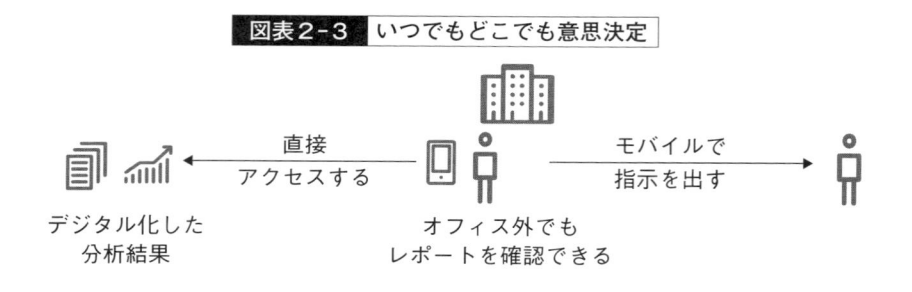

図表2-3　いつでもどこでも意思決定

直接
アクセスする

モバイルで
指示を出す

デジタル化した
分析結果

オフィス外でも
レポートを確認できる

どこでも行える環境を構築できるようになった（**図表2-3**）。

柔軟性を確保するためにも環境・基盤の整備を

　これらの経営管理における変化は，各企業のビジネスに大きなインパクトを与える。企業の進む方向をタイムリーに変更できる柔軟性を確保できるかどうかが，めまぐるしく変化するビジネス環境に対応していくための重要な鍵であり，その意思決定を迅速・正確に行える環境が整っているかどうかが，競争優位の確立にダイレクトに関わってくるからである。

　多くの日本企業は，デジタル化の遅れが原因となり，経営管理におけるデジタル化の恩恵をまだまだ享受することができていない。やはり，意思決定に必要なデータを十分に取得できない，あるいは分析を迅速に行うための基盤が揃っていないという点が，ここでも足枷になっている。

　データドリブン経営の基本となるこの**基盤の整備をいち早く実現できた企業がグローバル競争への参加が認められる**状況にある現実を踏まえ，今後の対応を考えていく必要がある。

❹　業務オペレーションにおける変化

端末でのリアルタイム処理が可能に

　業務オペレーションにおいても，デジタル化の波は新たな変化を起こしている。特にオペレーションの領域での進化は，新たなビジネスモデルに直結するものが多く，ビジネスの根幹を揺るがすものになっている例もある。

　業務オペレーションとここで呼んでいる分野は，主に現場（フロント）業務のオペレーションである。このオペレーションがモバイルで行われたり，IoTによるセンサリングデータを使って顧客にサービスを提供したり，今まで実現できなかった新しい付加価値を提供することで新たなビジネスモデルを作り上げるといった変化が起きている。

　特にデジタル化による恩恵として挙げられるのが，**さまざまな処理をリアルタイムに端末側で行えるようになり，さらにそのデータを公衆回線経由で瞬時**

に転送することができるようになった点である。それまでは，端末近くに個別にサーバーを置き，そのサーバーとメインコンピュータとの同期は定期的に行うといった運用を行う必要があった。このため，管理や性能面で問題を抱えることが多かった。しかし，端末側に機能があり，データを直接メインコンピュータに流し込むことができるようになったことで，分析のような大きな処理はメイン側で，インプット情報の加工処理等は端末で行う形で効率的に業務を行えるようになったのである。また，この端末は，個人で所有しているスマートフォンに取って代わることが可能になり，企業側が専用端末を用意することなく，サービスを提供できるモデルが確立したのである（**図表2-4**）。

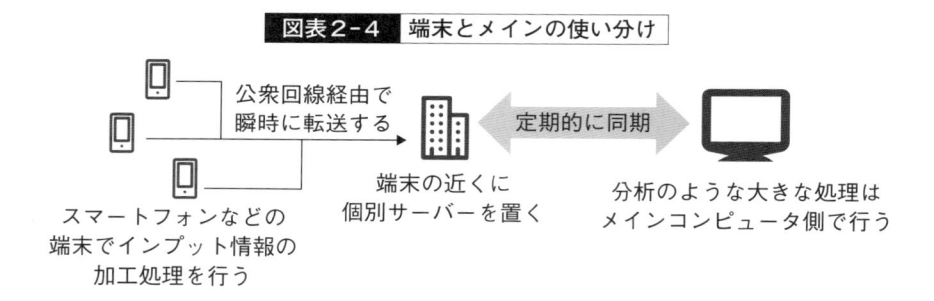

図表2-4　端末とメインの使い分け

公衆回線経由で
瞬時に転送する

定期的に同期

スマートフォンなどの
端末でインプット情報の
加工処理を行う

端末の近くに
個別サーバーを置く

分析のような大きな処理は
メインコンピュータ側で行う

● トライアンドエラーのトライを増やす必要がある

　いまやスマートフォンは情報の宝庫となっている。その中に入っている，企業が欲しい顧客の行動パターンやその他の情報をいかに吸い上げ，自社の情報として取り込めるかが勝負になってきている。そして，新たなサービス提供企業により，デジタル化を契機とした新たなビジネスモデルが構築されてきたのである。GAFA（Google，Amazon，Facebook，Apple）はその筆頭といえるだろう。

　では，日本企業の場合はどうであろうか。新たなビジネスモデルという意味で，日本が初めてとなるものはほとんど出てきていない。海外のサービスを真似たものは登場しており，生き残りをかけた競争を行っている段階である。

　新たなビジネスモデルを構築することが必ずしもよいというわけではないので，単純に海外と比べる必要はない。しかし，**デジタル技術を使った挑戦という面では，まだまだ十分でない**といえる。特にこの分野は，トライアンドエラーを繰り返してビジネスを確立していくアプローチが有効である（第4章で後述）ので，トライの数を根本的に増やすような取組みを増やしていく必要があるだろう。

❺　人事における変化

●　人とボットをマネジメントする

　人事領域でもデジタル化によって変化が出てきている。企業が自社の業務でRPAやAIを導入している場合，さまざまなロボット（ボット）が業務を遂行することになる。ここでいうロボットは，産業用ロボットや二足歩行のロボットを指しているわけではない。RPAのボットのように，業務を人の代わりに遂行するロボユーザーのことを指している。今後，産業用ロボットも同じような扱いになるかもしれないが，現時点ではボットを想定してもらえればよい。

　このように人の代わりに業務を遂行するボットが増えてくると，人事制度がこれまでのままだとうまく機能しなくなってくる。例えば，課長の下で働く部下が，人の部下3人とボットの部下4人というようなケースが出てくると，このチームをマネジメントするスキルや組織として求められる結果は，人の部下7人をマネジメントする場合と異なるはずである。そうなってくると，課長が行う**人事評価のやり方を変える必要がある**。どちらの場合も課長は課という組織としてのパフォーマンスを最大化することに責任を負うが，その管理についてはボットの管理をどうしていくかという点も含まれることになる。想定どおりに人をマネジメントできたか，ボットをマネジメントできたか，の2つの側面から評価されなくてはならない（図表2-5）。

図表2-5	人とボットのマネジメントが必要に

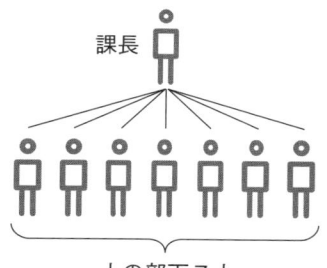

従来の組織

課長

人の部下7人
課長は人のマネジメント能力
のみが評価される

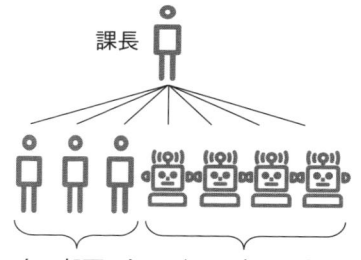

業務を遂行するボットが
増えてきた組織

課長

人の部下3人　ボットの部下4人
課長は人とボットのマネジメント,
2つの側面から評価される

● ボットの存在感の大きさが左右する

　デジタル化によって業務のオペレーションが変化することで，人事制度を見直す必要が出てくる。当然，人事業務のオペレーションもデジタル化によって変化する。そのインパクトは各オペレーションにおける変化と同等であり，最もインパクトのある変化は，このような**人事制度そのものを変更しなくてはならない**という点である。グローバル企業の中には人事制度改革に対する取組みを始めている企業もあり，デジタル化の速度に合わせて，今後，各企業で取組事例が出てくることが想定される。

　日本企業では，人事制度をデジタル化に合わせて変更する動きはまだ始まっていない。RPAの導入は進んできているが，まだ人の代わりのリソースとしてうまく活用しているとはいえない。今後も，しばらくは人事制度変更の動きは出てこないと予想される。ボットの存在がもう少し大きくなるようなデジタル化の波を起こせるように，どういった取組みができるか検討していく必要があろう。

3 海外企業に見るデジタル技術を使った新たなビジネスモデル

　海外企業はデジタル技術の導入を新たなビジネスチャンスと捉え，ベンチャー企業を含めてさまざまなビジネスに打って出ている。デジタルの文脈でよく登場するのはUberだが，それに限らず，GAFAやMicrosoft等は，デジタル技術の発展がなければ成り立たなかったビジネスモデルとして随所で紹介されている。

❶　プラットフォーマーというビジネスモデル

● プラットフォームを提供するだけで収入が得られる

　デジタル技術はプラットフォーマーという新たなプレイヤーを創出した。その名のとおり，プラットフォームを司る企業がこれに当たる。ここでいうプラットフォームとは，さまざまな業務を行う際に使用するシステム基盤のことを指している。昨今ではクラウドコンピューティングを通じて提供されることが多いことから，AWS（Amazon）やAzure（Microsoft）のような基盤となるサービスを指している。こうした，さまざまな情報をつなげることが可能なプラットフォームを起ち上げ，そのプラットフォーム上のサービスで収益を上げるモデルは，日本でも近年，本格的に普及してきている。

　前述のUberは，独自のプラットフォーム上で，顧客（目的地まで車で行きたい人）と運転手（車を持ち顧客を送り届けることで収入を得たい人）をマッチングさせ，それぞれを満足させ，そこから手数料収入を得るモデルである。AmazonやFacebookも基本は同じで，プラットフォーム上のデータを使って，そのプラットフォームを利用する人が満足するサービスを提供し，顧客から手数料等の収入を得るというモデルである。

　このモデルは，自社で商品やサービスを用意する必要が必ずしもあるわけではない。そのプラットフォームを提供するだけで収入が得られるモデルである

ことに特徴がある。今の世界では当たり前になったビジネスモデルではあるが，**デジタルの時代が到来しなければ，これだけ大きなビジネスとして成立することはなかった**。このモデルはGAFAに限らず，楽天市場等，今や日本でも当たり前に出てきているものである。

● データがデータを呼ぶ

また，企業に対してプラットフォームを提供するサービスも市民権を得るまでに成長した。AWSやAzure，GoogleのGCP（Google Cloud Platform）等である。デジタル化の原動力となったクラウドコンピューティングを使ったプラットフォームを企業にサービスとして提供し，各企業のデジタル化を後押しするとともに，さらなるデータプラットフォームとしての拡大を志向したビジネスモデルである。これらのサービスはサブスクリプションで提供され，課金体系も含めて，今後も新たなビジネスモデルを生み出すプラットフォームとなるだろう。

このような背景もあり，今後も新たなデータが新たなビジネスモデルを創り出す契機となることは間違いない。**データが新たなデータを呼び，活用が進めば，そこから得られる新たな示唆がデータとして加えられる**。プラットフォームを提供する側が収益を得るサブスクリプションのモデルは，現在のプラットフォーマーだけでなく，今後新たに出てくるプラットフォーマーも採用していくことになるだろう。

❷ 技術がもたらす新たな顧客

プラットフォームビジネスだけでなく，デジタル化の波は新たなビジネスを呼び込む契機となっている。例えば，デルタ航空はアトランタ空港国際ターミナルに米国発の生体認証技術（顔認証）によるチェックイン端末を設置した。これにより，顧客は顔をかざすだけでチェックインが可能となり，待ち時間というストレスに悩まされることなく，旅行におけるユーザーエクスペリエンスが以前よりも格段に向上した。

図表2-6 デルタ航空のデジタル技術導入

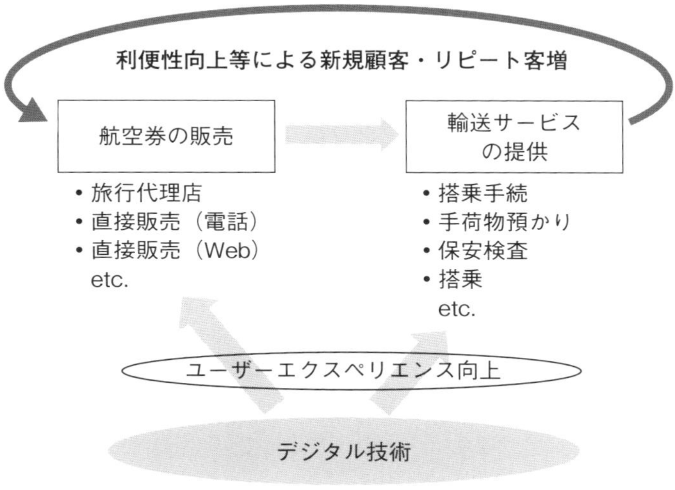

利便性向上等による新規顧客・リピート客増

航空券の販売

- 旅行代理店
- 直接販売（電話）
- 直接販売（Web）
  etc.

輸送サービス
の提供

- 搭乗手続
- 手荷物預かり
- 保安検査
- 搭乗
  etc.

ユーザーエクスペリエンス向上

デジタル技術

　このデジタル技術導入は，それだけでは利益を生み出さない。しかし，それによって向上されるユーザーエクスペリエンスは，さらなるビジネスの拡大につながっていく。つまり，根本的なビジネスモデルは航空券の販売という点で変わりはないが，デルタ航空を利用するための**インセンティブをデジタル技術が生み出し**，今後は，決済方法の多様化や別のチャネルを使った顧客接点の確保といった，**大きなビジネスモデルの改革につながる可能性を秘めたものになる**のである（図表2-6）。

　同様に，スイスのMSCクルーズは，顧客のユーザーエクスペリエンスを最大化するため，洋上でも常にインターネットにつながるように，コネクティビティの向上に取り組んだ。客船に数多くのセンサーを設置し，常に客船が動く商業施設であるかのように顧客が扱えるように投資を進めている。今後は顔認識やVR（Virtual Reality）の導入が予定されている。こちらも，デルタ航空の事例と同様に，新たな可能性，新たなビジネスモデル転換への布石といえよう（図表2-7）。

| 図表2-7 | MSCクルーズのデジタル技術導入 |

☑ MSCクルーズ（スイス）は，顧客の嗜好や行動に最適な洋上体験モデルの10か年計画を立て，デジタルエクスペリエンス開発に積極投資
- 全客船がVSAT専用帯域（通信衛星25基，ビーム32本）に接続
- 乗客はストレスなく船上でネットワーク利用，船内オペ効率化
- 顔認識（乗客特定），VR（小旅行プレビュー）導入予定（2019年）
- 世界初のAI搭載クルーズ船開発予定（客室にAIアシスタント設置）

☑ 洋上のコネクティッドシティ構想の「MSCメラビリア」造船にデジタルや行動設計専門家が関与，$100億投資
1隻当たりの搭載
- 3,000センサー，接続ポイント16,000基（Wi-Fi，NFCビーコン）
- RFID/NFCアクセス可能な客室2,244室
- 700デジタルアクセスポイント，358インタラクティブスクリーン

4 なぜ日本企業はデジタル化が進まないのか

　ここまで見てきたように，海外企業ではデジタル化によって経営に変化が及び，デジタルトランスフォーメーションが加速されてきている。一方で，多くの日本企業はデジタル化の波に乗り切れておらず，デジタルトランスフォーメーションも道半ばという状況にある。なぜ，日本企業は海外企業に比べてデジタル化が進まないのだろうか。その原因に対して抜本的な改革を断行しないと，海外企業との差は広がってしまう可能性が高い。

　日本には日本の事情があるから，単に海外企業を真似ればよいということではない。その事情を認識したうえで，デジタル化を推進する施策を検討する必要がある。

　日本の企業特有の問題は，大きく3つあると考えられる。それは「日本マーケット特有の問題」，「多くの日本企業が抱える負の遺産」，「日本企業におけるITリテラシー」である。

❶　日本マーケット特有の問題

●　購入スタイル，ITリテラシー

　日本のマーケットは，デジタル先進国である欧米諸国と環境が異なっている。それがデジタルの浸透が進まない要因の1つとして挙げられる。

　例えば，米国では，家から店舗までの距離が遠く，さまざまな商品を買うために複数の店舗を回ることは大変である。そのような環境の中，eコマースは遠出をせずに買い物ができる消費者ニーズを満たすものであり，瞬く間に発展を遂げた。ネットで消費者の購入意欲をそそるためのデジタルマーケティングが発展するのも，ビジネスモデルを突き詰めていく中で当然の帰結といえよう。また，店舗が巨大な小売店では，目的の商品を購入するために店舗内を長距離移動することも多いため，その移動途中に近くに陳列されている商品のクーポンをスマートフォンに配信するといったカスタマーエクスペリエンス（顧客経験）向上の施策が発展していった。

　一方で，日本は国土が欧米諸国に比べて小さく，人口が特定の都市に集中しており，人口密度が高い状況にある。多くの消費者にとっては，それほど遠くないところにさまざまな店舗があり，自ら商品を手に持って吟味し，購入するという店頭購入のスタイルが定着している。各店舗が集中して立地しているケースも多く，さまざまな商品を一度の外出で購入することが可能である。また，人口の3割を占める高齢者は，多くが都市部に住んでいる一方でITリテラシーが高くないために，eコマースを使った購入形態がなかなか進まない。結局，**日本ではデジタル化によるビジネス拡大がそれほど進まないことに起因して，デジタル化のスピードがB to Cビジネスにおいてもそれほど上がらず，欧米諸国に比べて停滞している状況**にある。

●　失敗を怖れるあまり思い切りが足りない

　このような日本のマーケットでは，B to Cビジネスにおいてデジタル化を推進しても効果が少なく，企業側が思い切った投資に踏み切れない。ミレニアル

世代（いわゆるデジタルネイティブ世代）には受け入れられているものの，この世代は顧客層として人口も購買意欲も大きいとはいえず，企業からすると，従来の顧客（特に高齢者層）への対応を減らしてまでこの世代に対応するという段階に至っていない。

そうなると，B to Bビジネスでのデジタル化を推進すべきとの考えも出てくるが，こちらについてはさらに本格化の波の到来は先になりそうであるという実情がある。海外では，業界プラットフォームを業界団体が共同で起ち上げ，サプライヤーとの情報連携を迅速に行って経営のスピードを業界全体で向上させる取組みが，さまざまな業界で起きている。しかし，日本では，単一の企業でそのような取組みを行おうとする傾向が強く，海外のサプライヤーも巻き込んだ業界プラットフォームの起ち上げ，あるいは参画という動きに発展していない。

日本企業もデジタル化にチャレンジしており，決して立ち止まっているわけではない。ただ，**欧米諸国の進歩のスピードとは大きく異なる結果となっているし，マーケットが異なる中で思い切った方向転換が難しいのも事実**である。新たな試みはPoC（Proof of Concept：概念実証）までで，その後スケールさせるに至らないケースが多い。その理由は，経営層が意思決定を躊躇する，文化的な問題で反対派が多い等，企業によってさまざまではあるが，総じて，**敗を怖れるあまり思い切りが足りないという点に尽きる**。日本のマーケット環境が急に変わる可能性は低い。このマーケット環境を前提に，どう日本企業が変わっていかなくてはならないかを検討する必要がある。

❷ 多くの日本企業が抱える負の遺産

● レガシーシステムをめぐる問題

多くの日本企業でデジタル化が進まない要因の2つ目に挙げられるのが，企業が抱えている負の遺産である。デジタル化を阻む負の遺産とは，レガシーシステムのことである。多くの日本企業はレガシーシステムをかなり複雑に作っており，身動きがとれなくなっている。大型の勘定系システムを抱える大手金

融機関はもちろんのこと，多くの上場企業でデファクトスタンダードとなっているSAPのERPを導入している企業も，日本本社向けの追加開発が足枷となって，次世代システムへの乗換えやAPIによる他サービスとの連携に苦労している状況である。

　欧米でもERPを導入している企業は多いが，もともと追加開発を最小限に抑える導入のしかたをとっており，また，サブシステムも多く作らず，ERPに機能をなるべく集約する形をとっている。このため，システムアーキテクチャーとしては，比較的シンプルな構成になっていることが多い。これにより，マーケットの変化や自社の状況に合わせた機能変更や機能拡張が比較的容易に行え，デジタル化におけるクラウドサービスとの連携もそれほどの苦労もなく進めることが可能であった。

　多くの日本企業のレガシーシステムは，前述のように**柔軟性がない状態で身動きがとれず**，変更を加えるにもシステムやプログラムが複雑に絡み合っているため，**できるところからデジタル化を進めていくという考え方をとることも難しい。**

● 難易度は高く，投資額も大きい

　この負の遺産としてのレガシーシステムを更改していくためには，相当の投資とリスクを勘案する必要があることは想像に難くない。また，データドリブン経営を進めるために必要なデータの多くが，このレガシーシステムに存在していることから，日々の業務を止めずにデジタル化を進めていく難易度は相当高い。

　したがって，**デジタル化を進めるためには，このレガシーシステムを再構築する必要がある**。具体的には，柔軟性のある基幹システムを中心に置き，その周りにAPIやクラウドサービスを含めた連携システムを配置するアーキテクチャーに再構築し直さなくてはならない。そのためには，高度なシステムアーキテクチャーの知見と，クラウドコンピューティングと従来のオンプレミス環境を混在させたハイブリッド環境を早期に構築するための基盤が必要であり，

外部コンサルタントやベンダーと連携して，早期に基礎から構築する必要がある。また，基幹システムも，新たなアーキテクチャーのもとで新規に構築したものに，既存のデータを移行するアプローチにしないと早期更改は望めないため，相当な難易度であることを覚悟して取り組む必要がある。

　これまで，その難易度と投資の大きさから，システムの再構築を先送りにしてきた企業が多いが，いよいよデジタル化に待ったなしの状況になっている以上，覚悟を決めて取り組む必要があろう（図表2-8）。

図表2-8　レガシーシステム再構築のアプローチ

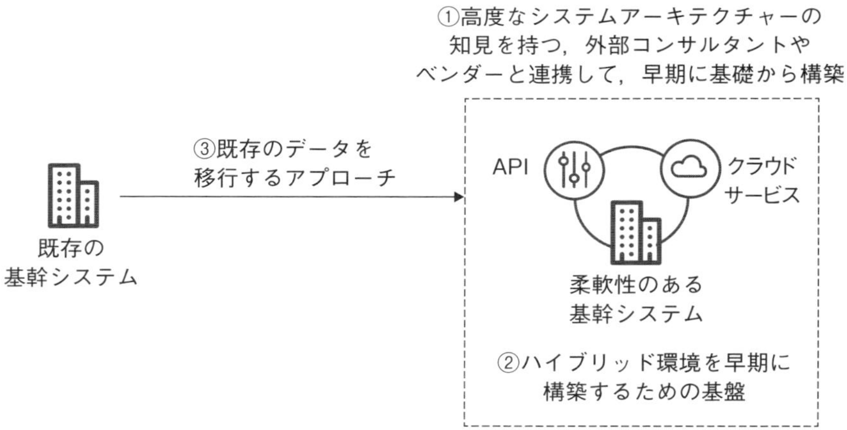

①高度なシステムアーキテクチャーの知見を持つ，外部コンサルタントやベンダーと連携して，早期に基礎から構築

③既存のデータを移行するアプローチ

既存の基幹システム

API　クラウドサービス

柔軟性のある基幹システム

②ハイブリッド環境を早期に構築するための基盤

❸　日本企業におけるITリテラシー

　ITリテラシーに関して，なぜこれほどまでに，日本企業と海外企業の間に差があるのだろうか。原因は定かではないが，現実の問題として，日本企業でITに精通している人は驚くほど少ない。特に，現場に近い人（営業，製造を問わず）でITに精通している人が少ない傾向にある。

　デジタル化については，業務オペレーションのデジタル化や顧客接点に近い部分でのデジタル化が戦略上重要な部分になることが多く，現場の人がデジタルを念頭にアイデアを出したり，業務を作ったりしていくことでデジタルトラ

ンスフォーメーションが推進されていく特徴がある。必ずしもITに詳しいレベルまでは求められていないが，**少なくともWebやスマートフォンをはじめとするモバイル機器，基本的なシステムの仕組み，データベースのおおよそのイメージはついていないと，データドリブン経営を進めることは難しい**。データドリブン経営の前提がデジタル化によるデータ連携にあるため，そのようなセンスがまったくない人では，ビジネスを推進することが難しい時代になっているのである。

　一から学ぼうとする現場の人も少ない日本企業の中で，残念ながら，ITに関する教育機会の少なさも深刻な問題になっている。ミレニアル世代は，端末を使うことについては長けていても，その仕組みにまで興味を持って知見を高めていく姿勢が見られない。

　人材マーケットにIT人材が大幅に足りていないといわれている状況下で，この問題は，日本企業にとって命取りになりかねない問題なのである。

　以上，日本特有の問題を3つ挙げたが，これらの問題を解決するためには多くの労力と時間を要する可能性が高く，一朝一夕に解決するものではない。経営層が思い切った英断をする等，かなり危機感を持って取り組む必要があるだろう。デジタルトランスフォーメーションを本気で実行するなら，最初に乗り越えなくてはならない大きなハードルであると認識しなければならない事項である。**まず最初の一歩を踏み出さなければ差は埋まらない。**

5 多くの日本企業に見られる データを使った経営スタイル

　前述のように，デジタル化についてはグローバル企業との差がついてしまっている状況にある。しかし，日本企業がデータドリブン経営を実行していないというわけではない。デジタル化が進んでいる企業に比べると高度化されていない，という状況である。

　したがって，現在の状況を見極め，グローバル企業との差を認識することで，どこまで高度化する必要があるのか，高度化するためにどのようにデジタル化を進めていく必要があるのかを測る指標を見出さなくてはならない。そこで，現在の日本企業におけるデータドリブン経営の状況を見てみよう。

❶　データを使った経営管理

●　モニタリング指標の詳細さに違い

　意思決定を行うために必要なデータは階層によって変化するが（**図表2-9**），その際に使用するKPIやモニタリング指標には，正規化されたデータが活用されている。その指標を確認した後にアクションまでつなげることがデータドリブン経営の基本であり，そうした経営を行っているという点で（疑問の残る企業もあるが）グローバル企業と大きな違いはない。

　では，差があるとすると，どこにあるか。それは，**モニタリング指標の詳細さにある**。経営管理上，戦略実行の状況を確認し，必要に応じてアクションを判断するための指標としてKPIが用いられるが，このKPIが，なぜそのような値になるのかを分析するために用いられるのが，モニタリング指標である。複数のモニタリング指標の動きを総合的に判断することによって，実行している

図表2-9　意思決定を行うために必要なデータ

階層	意思決定を行うために必要なデータ
経営層	• 全社目標達成状況を直接判断できるデータ • ビジネスポートフォリオに関するデータ
ミドル層	• 全社目標に基づいて，管理している部署の目標達成状況を直接判断できるデータ • プロダクトポートフォリオに関するデータ
オペレーション層	• 所属部署の目標からブレークダウンした個人目標達成状況を判断できるデータ • オペレーションデータ

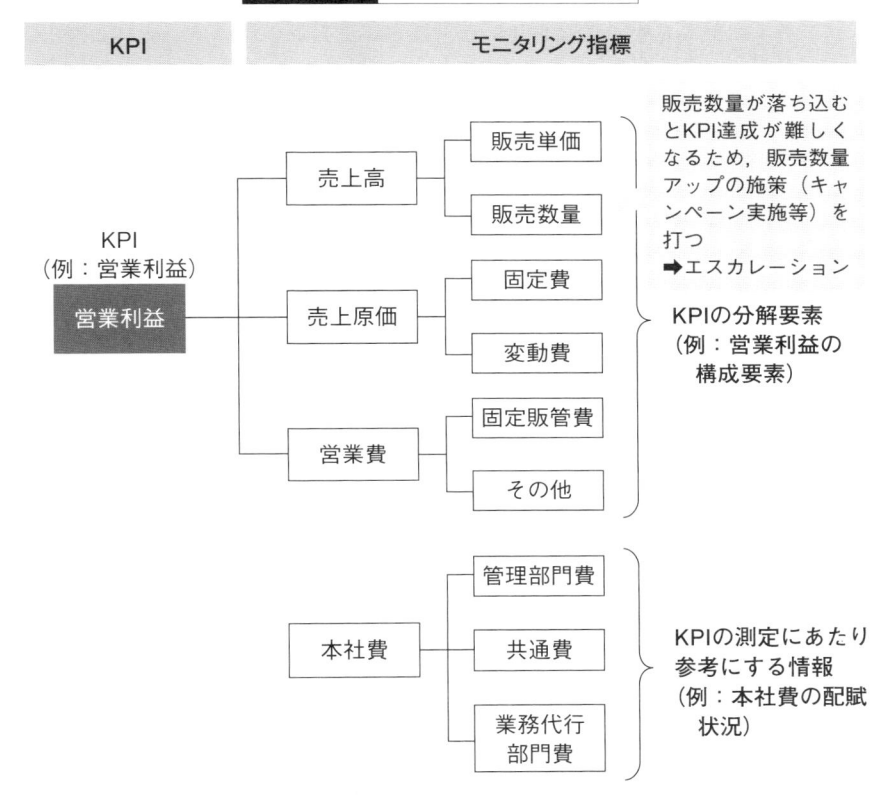

図表2-10　KPIとモニタリング指標

施策を微修正するアクションにつなげたり，必要に応じて上長や他部門へのエスカレーションをしたりするために用いられる指標である（**図表2-10**）。

経営スピードを高めるために必要なこと

KPIの動きを多面的に分析し，効果のある施策（アクション）を講じていくためには，このモニタリング指標が多面的に取得できる，必要に応じて現場レベルの指標にまでドリルダウンができる，といった詳細なレベルのデータが必要になる。データが細かければ分析精度が上がり，アクションの質もより精度

が上がるからである。

　デジタル化が進まず，モニタリング指標を多面的かつ詳細に見ることができない，あるいは欲しいタイミングで取得することができない状況にあるのが，多くの日本企業である。これは，経営にスピードが求められている昨今の状況に鑑みると，企業競争力を左右する問題であることは理解できるであろう。

　特に，経営スピードを高めるためには，判断をするタイミングを早めるために**意思決定に必要なデータを速く取得する**ことと，**迅速な決断を的確に（やり直すようなことがなく）行えるよう精度を上げる**ことが必須事項となる。多くの日本企業は，この点を改善していく施策が求められる（**図表2-11**）。

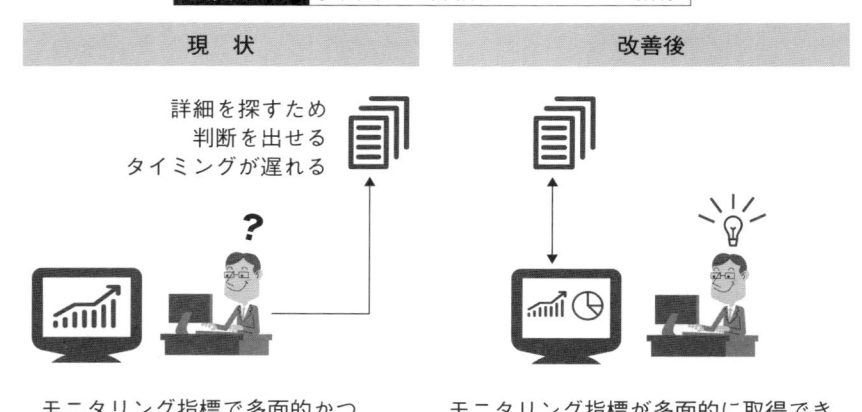

図表2-11 多面的かつ詳細なモニタリング指標

現　状	改善後

詳細を探すため
判断を出せる
タイミングが遅れる

モニタリング指標で多面的かつ
詳細に見ることができない

モニタリング指標が多面的に取得でき，
必要に応じて現場レベルの指標にまで
ドリルダウンができる

❷　データを使った業務オペレーション

●　企業によるバラツキがある要因

　次に，業務オペレーションにおけるデータドリブン経営の状況を見てみよう。こちらについては，企業によるバラツキが非常に大きい部分である。

　製造業でサプライチェーンを構築している企業を例にとってみると，製品ご

との在庫量や各工場での生産量を確定させるための需給調整業務において，需要量，供給可能な数量，在庫量を数字で捉え，そのデータに基づいてシミュレーションを行い，生産量，在庫量を確定させていく。この一連の業務は，製造業であればどこでもやっていることだが，そのレベル感は企業によって大きく異なっている。製品レベルの需給調整のみを行っている企業もあれば，部品レベルの需給調整まで行っている企業もある。スピードという側面で見ると，週次でこのプロセスを回している企業もあれば，月次で回している企業もある。

　このように，**業務オペレーションにおけるデータドリブン経営の実践状況は，日本企業の中でも大きく差が出ている**ところである。これらの差は，デジタル化の波に乗っているかどうかという点でついているものではなく，**基幹系データの標準化や需給データの一元化を進めてきたかどうかでついている差**である。

● 外部データとの連携における留意点

　今後デジタル化が進むと，在庫データ等はIoTによって自動収集されるようになり，外部協力会社の納品予定等のデータも連携される等，現在とは違うさまざまな追加データによって，より精度の高い需給調整が可能になってくるだろう。これによって，在庫量は現在より圧縮できるであろうし，顧客からの突然の注文にも応えることが可能になり，機会損失を防ぐという意味で競争優位の源泉になりうる。日本企業もどこまで高度化するのか戦略上の決断を迫られることになる。

　サプライチェーンにおける需給調整に限らず，オペレーション領域のデータドリブン経営に関しては，スピードという点で日本企業は後れを取っているケースが多い。これは，**オペレーションを行う段階で，意思決定に必要な情報が集まっていない**ことに起因している。前述の需給調整の例のように独自に情報を集められる場合（自社のシステム内のデータで事足りる場合）はいいのだが，外部のデータと連携する際には，デジタル化の遅れは直接的に影響を与える。今後，どの業務にどれだけの外部データを必要とするのかを見極めて，対応施策を検討していく必要があるといえよう。

❸　顧客データ等の活用

●　アクションにつなげられていない

　顧客データに関しても，古くから日本企業で活用がなされてきている分野である。しかし，顧客情報が一元管理されていない企業は多く，顧客データベースの再構築を行ってきた企業も少なくない。昨今では個人情報を含むため，セキュリティ分野での懸念への対応も行われてきている。

　では，日本企業における活用のレベルはどうだろうか。デジタルの時代に入って，顧客の行動分析や誘導といった点でさまざまなデータを使うことが多くなってきているが，残念ながらB to Cビジネスを展開している日本企業であっても思うような分析はできていない。

　SNSのログを取得した分析等を行っている企業は増えてきているものの，そのデータによってアクションにつなげる動きにまで昇華させることができている企業はまだ多くない。このあたりのデータは，まさにデジタル化によって取得できるようになるものであるため，今後はデータをタイムリーに収集できる仕組みをいかに構築するか，集めたデータを戦略的に分析しアクションにつなげていくかという検討を進める必要がある。

●　チェンジマネジメントの必要性

　B to Bビジネスをメインにしている企業の場合は，営業担当のモバイル化という面で日本企業も対応を行っている。ツールとしては整備されている状況にあるが，データとして活用できているかというと，企業によってそのレベルは異なっている。これは，**デジタル化というよりも，データドリブン経営の浸透度という面が強く，チェンジマネジメント（仕事のやり方を変えるための意識改革）が必要な状況にあることを認識しなくてはならない。**

　これまで見てきたように，B to CビジネスとB to Bビジネスで状況は違うため，自社のビジネスモデルに鑑みて，何をどこまで対応する必要があるのかを

見極めていく必要がある。特にB to Bビジネスの場合は，デジタル化を推進することに注力するわけではないので，アプローチを含めて検討が必要である。

　本章では，デジタル化が日本の企業にどのような影響を与えるのか，その影響によってどういったことに留意しなくてはならないのかについて触れてきた。企業によってその影響がどの程度のものになるかは千差万別であるが，まずは影響が大きい部分を特定することが第一歩である。具体的にどう対処していくべきかについては，第4章以降で触れていく。

第3章

データドリブン経営の本質

　第2章までで，データドリブン経営を実現するうえで最低限知っておくべきデータおよびデジタルに関する要点について整理し，それらの企業経営に対する影響と日本企業の現在の立ち位置について触れてきた。

　本章では，データドリブン経営とは何を実現するものなのか，データを使って何を達成することが目的なのか，といった本質に関わる部分に触れていく。第2章までのインプットをもとにデジタル化を進めることが重要だという解釈のみでは，詳細なデータを準備しただけに終わってしまう。何のためにデータが必要なのか，その目的を達成するためには何が必要で，どんなデータを用意しなくてはならないのか，そしてデータドリブン経営で結果を出すためには何に気をつけなくてはならないのか，というデータドリブン経営の基本を本章では理解してもらいたい。

　そのうえで，第2章までの内容も参考にしながら，自社に足りていない部分についての構想を練ることをスタートしてもらいたい。

1 デジタル時代のデータドリブン経営

第2章で触れたように，日本企業もデータドリブン経営をやっていないわけではない。データドリブン経営は進めてきているものの，そのスピード，あるいはデータの精度といった点で，グローバル企業に後れを取っている面がある。では，このデジタル時代に求められるデータドリブン経営とはどういうものであろうか。

❶ 経営に必要なデータを見極める

経営に必要なデータをあらかじめ絞り込む

前述のように，デジタル化が進むとさまざまなデータが取得できるようになり，非構造化データを含めてあらゆるデータソースに対して，さまざまな分析を行うことが可能になる。IoT機器からのセンサリングデータ等，データのレコードを見ただけでは何を表しているのかわからないデータも多く，文字どおりデータの海に埋もれることになるのがデジタル時代である（**図表3-1**）。

図表3-1　何のデータ？

このような大量データは，もはや人が目で見て判断するものではなく，AIをはじめとするコンピュータプログラムを使った分析が前提となる。しかし，

データドリブン経営は，データをもとに企業としての意思決定を行い，さらに次のアクションを起こすという一連のプロセスを実行するためのものである。しかも，デジタル化が進み，さまざまな意思決定やプロセスの遂行をこれまで以上のスピードで実行しなくてはならない時代に突入している中，データの海から意思決定に必要なデータを抽出し，そのうえで分析をして何らかの示唆を探すという時間はない。

　このように，企業の周りにデータが溢れているビジネス環境において，データドリブン経営を行って競争優位を保つためには，**自社の経営にとって必要となるデータをあらかじめ絞り込んでおくことが重要**になる。大量のデータの中には，一見関係がありそうに見えて，意思決定や分析において，なくても大して影響のないデータが大量に含まれている。**必要なデータに絞って収集し，意思決定に必要な分析を迅速に行い，アクションにつなげていくことがポイント**となる（図表3-2）。

図表3-2　必要なデータのみ抽出する

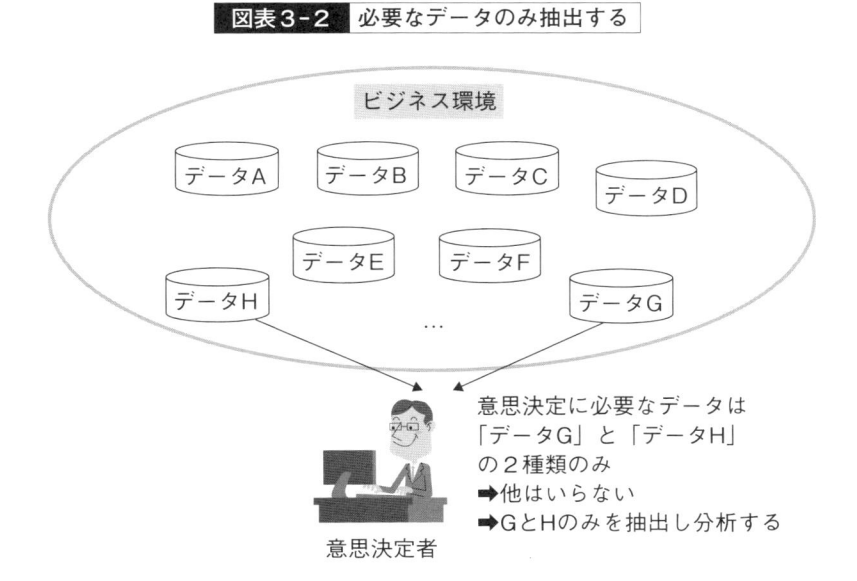

● 必要なのはその仕事に責任を負っている人が日々使っている情報

　そんな当たり前のこと，と感じるかもしれないが，日本企業は予想以上にこの部分をないがしろにしている。「いろいろなデータがあるので，この中から何か示唆は見つかりませんか？」，「ビッグデータ分析で何かやりたい」，「AIに分析させて経営に役立つ法則を見つけたい」といったゴールのない依頼がコンサルタントに求められる状況を見ると，よくわからないデータを闇雲に分析しようとしている日本企業がまだまだ多いと感じられる。

　どんなデータが自社のデータドリブン経営に必要なのか判断がつかない，といった悩みを抱えている企業もあることだろう。これについては次節以降を参考にしてもらいたいが，経営層であれミドル層であれ，**それぞれの役割を全うするために必要なデータがわからないということはないはず**である。何らかの判断をするためにどんな情報が必要かは，その仕事に責任を負っている人が日々使っている情報（あるいは足りていないと感じている情報）であって，それがわからないというのであれば，まず自分の仕事を理解することから始めなくてはならない。

❷　データの種類と取得方法を見極める

　必要となるデータを見極めることができれば，そのデータがどのような種類のものか，それらはどこから手に入れるのか，について明確にする必要がある。正規化された社内のデータなのか，それともSNSのログやWebアクセスのログのような非構造化データなのか，動画や音声なのか，学術情報なのか，といったデータの種類を特定する必要がある。

　データが特定できないと，デジタル化への対応が今のままでいいのか，さらにその範囲を拡げないとそのデータを取得できないのか，といったところが判断できないからである。さまざまな情報にアクセスできる時代になったとはいえ，アクセスする仕組みを企業が持っていなければ，必要な情報は手に入らない。その仕組みを司るのがデジタル技術であり，自社の環境に合わせて必要なデータを取得できるようにうまく活用していく必要がある。

　データの種類と取得方法が見極められれば，そのデータを格納した後の分析をどのような手法で行うのか，どのようなツール（システム）で行うのかが決まってくる。ここからは，通常のデータドリブン経営のプロセスに入ることが可能になる。

❸　意思決定プロセスと経営品質

●　スピードが最も重視されるポイント

　データドリブン経営における意思決定プロセスは，デジタル化が進んだ今も，それ以前も大きな違いはない。意思決定に必要な情報を収集し，分析を行ったうえで出てきたレポートをもとに，意思決定者がアクションを決定・指示し，現場の実行へとつなぐというプロセスは変わらない。

　デジタル時代のデータドリブン経営で重視されることは，このサイクルを極限まで短縮するということである。つまり，スピードが最も重視されるポイントになっている点を押さえておく必要がある。

　不確実性が高く，変化のスピードが速いビジネス環境になっていることは疑いがない。突然，政治的な情勢が変化することで，経済情勢までもが変わることは珍しくなく，グローバルにビジネスを展開している企業は世界中の情勢に目を光らせなくてはならない。そして，何らかのイレギュラーが起こった際に迅速に変化に対応することは，企業のリスクや損害を極小化するとともに，ビジネスの可能性を最大化するための必須事項となる。変化が激しい時代だからこそ，意思決定スピードとアクションのスピードが勝敗を分けるということである。そのようなビジネス環境の中でデータドリブン経営が果たす役割は，そのスピードを速めることにある（**図表3-3**）。

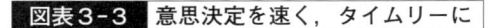

図表3-3　意思決定を速く，タイムリーに

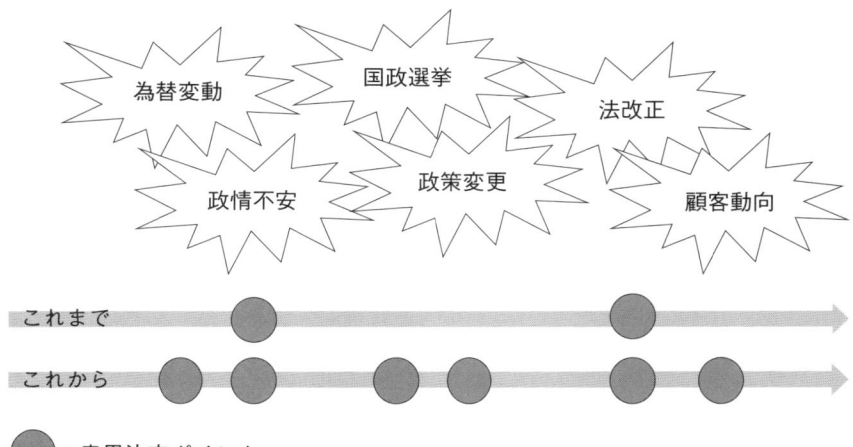

失敗したとしても修正が利く

　このスピードを速めることが経営品質を高めることにつながることもポイントである。前述のように**変化が激しい不確実な時代では，意思決定の遅れが命取りになる**。一方で，拙速に意思決定をすることは，考慮不足による経営品質の低下を招くという考え方もある。日本企業はどちらかというと，慎重に事を運ぶ（悪くいうと先送り）傾向があった。

　しかし，意思決定スピードを上げるということは，失敗したとしても修正が利くということと同義である。時間をかけて失敗するよりも，早く失敗をして，間違っていたら正しい方向へ転換するという考え方のほうが，デジタル時代に合っている。

　アジャイルとも呼ばれる手法であるが，**デジタルの世界では，このアジャイル手法がスタンダード**である。大きなことを，時間をかけて一気に成し遂げるのではなく，小さなことを短時間で成功させ，それをつなげて大きなことを実現するというアプローチこそが，デジタル化のスタンダードな手法である（**図表3-4**）。

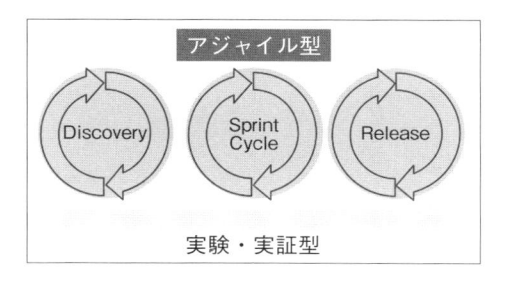

図表3-4　アジャイルという手法

【ウォーターフォール型】

【アジャイル型】
（Sprint Cycleのイメージ）

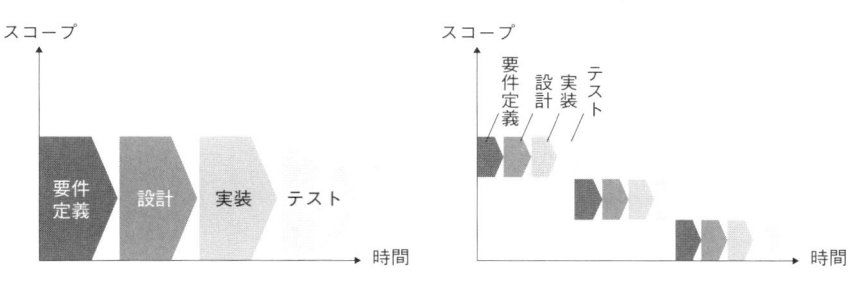

　デジタル時代のデータドリブン経営においては，このような時代に合わせた手法をうまく取り入れて推進する必要がある。企業によっては，データの見極めの段階から十分にできていないこともあるかもしれないし，ある企業はスピードが上がっていないため，その対策を急がないといけないという段階かもしれない。今と今後を見据えて，データドリブン経営のレベルを定義し，必要な見極めをまず行うことが，データドリブン経営の実践に向けた第一歩である。

2　データではなく戦略が中心

　データドリブン経営を語る際，その言葉の響きからデータにのみ注目がいってしまい，データをどう取ってくるか，どう分析するかといった仕組み論になってしまうことがある。それ自体は間違いではなく，データ整備がデータド

リブン経営の中心にあることは事実である。しかし，経営そのものが企業競争に打ち勝ち，自社を成長させていくことを目的の１つとしている以上，自社がありたい姿に近づけるためにデータドリブン経営を行う必要がある。その観点からすると，データに関する整備は一部ではあるけれども，データドリブン経営の本質というには部分的に過ぎる。

　では，データドリブン経営の本質とは何か。端的にいうと，**経営戦略を実行し，実現することである。戦略を実現するために，データを使って意思決定スピードとアクションのスピードを高め，競争優位を確保することである。**その目的に鑑みると，**企業の戦略がデータドリブン経営の根本にある点がポイント**である。ゴールが一緒だという観点から，デジタルトランスフォーメーション（DX）の実現と言い換えても間違いではないだろう。

❶　データを見て経営するのではない

　データドリブン経営はその言葉から，データを見て経営することと捉えられがちである。間違いではないが，経営でデータを見ないことは以前からないはずである。どんなデータを見て，どんな経営判断をするかがポイントであり，データを見て右往左往することを指しているわけではない。

　データドリブン経営では，経営戦略の実行が想定どおりに進んでいるのか，あるいは環境の変化から戦略を変更する必要はないのか，といった判断を，データを見ることによって行うことが目的である。**データからスタートするのではなく，あくまで戦略からスタートすることが重要である。**

　ニワトリが先か，卵が先かの議論に聞こえなくもないが，多くの日本企業はデジタルの時代にある今，データを闇雲に集めて示唆を得ようとしている。そうではなく，本来のデータドリブン経営のサイクルを回すためにも，戦略を最初に位置付けることを意識しておくべきであろう。

❷　戦略策定が経営の根幹

●　戦略に具体性がないとデータと戦略の対比ができない

　データドリブン経営の本質は，戦略の実現にある。その戦略そのものがしっかりと策定されていない限り，データを見て次のアクションを決めることは難しい。**戦略に具体性がないとデータと戦略の対比ができず，意思決定ができないためである。**

　ここでいう戦略は，経営層が意思決定を行う経営戦略や事業戦略そのものだけでなく，オペレーションのレベルの戦略も含まれている。戦略論を云々することはここでは避けるが，少なくとも競争優位を確立するために実現すべきことが存在し，そのレベルに到達するために打つべき施策が複数定義されている必要がある。その到達レベルが数値化されており，到達するために必要となる各施策の進捗状況がわかるようプランがなされている状態が担保されていれば，データを見ながらアクションを決定していくことは可能になるだろう。

●　データドリブン経営を実現できるレベルにまで落とし込む

　具体的な例を挙げてみよう。実際にはもう少し網羅的な戦略をとるだろうが，例として簡略化したもので話を進める。

　消費財メーカーが自社の商品のシェアを10％から20％まで増やすことをポートフォリオとして設定したとしよう。その商品の差別化ポイントは品質と価格のバランスであるが，他の大手メーカーの知名度の前に店舗販売では振るわない。そこで，10％のシェアアップを獲得するために，ネット通販のチャネルに集中投資し，デジタルマーケティング，流通網獲得に向けたアライアンス，モバイルアプリ対応，キャンペーンの実施をメインの施策とした。

　おおよその施策とその方向性が固まれば，詳細なプランを策定して具体的な達成目標を月次や四半期といった単位で設定する。ここでは，シェアを取りにいく戦略をとるため，マーケットシェアと商品売上がメインのKPIとして設定され，モニタリング指標として通販サイトの会員数やアプリのダウンロード数

等が設定されることになる。

　ここまで進めばわかるように，これらの指標が設定されると，さらにその指標の推移を分析するために口コミサイトでの顧客発言やSNSのログをデータとして取得したうえで解析し，キャンペーンの効果を測るといった，データドリブン経営上必要な施策の実行へつなげていくことが可能になる（**図表3-5**）。

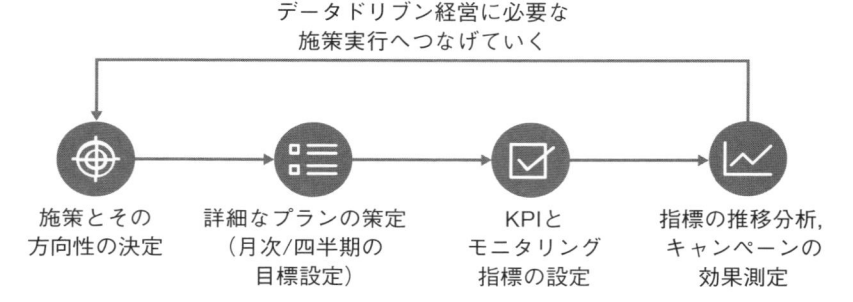

図表3-5 戦略とデータドリブン経営

データドリブン経営に必要な
施策実行へつなげていく

施策とその
方向性の決定

詳細なプランの策定
（月次/四半期の
目標設定）

KPIと
モニタリング
指標の設定

指標の推移分析，
キャンペーンの
効果測定

　このように戦略がすべての出発点になるため，その戦略はデータドリブン経営を実現できるレベルにまで落とし込まれている必要がある。**曖昧な戦略では必要なデータの特定ができず，データをもとにアクションを決めることができない。**常に自社の戦略が十分なレベルにまでブレークダウンされているか，施策が具体化されているのかという点に留意することがポイントである。

❸　戦略の実行を判断するために必要となるのがデータ

●　日々の経営管理における意思決定とアクション

　戦略が固まり，データドリブン経営を進めるうえで必要となるデータが見極められれば，後は日々の経営管理における意思決定とアクションがポイントとなる。前述の例だと，マーケットシェアやネット通販の会員数の伸びをはじめとしたKPI，およびモニタリング指標の推移を，日次，週次といった短サイクルで見ながら，必要に応じてキャンペーンの前倒しや既存チャネルのてこ入れといったアクションを指示していくことになる。

データ分析結果から，思ったような成果が出ていないことがわかることもある。例えば，差別化要因と見ていた価格と品質のバランスについて，消費者の声では価格のわりに品質が悪いというクレームが多いことが，SNSの分析からわかるケースである。こうした場合には，そもそもの戦略を変更せざるを得ず，商品品質を上げるか，まったく違う優位性を確保するための投資を行うか等，別の手立てを検討しなくてはならない。

● 戦略がデータの意味を決める

データドリブン経営の本質は戦略の実現にあると述べたが，実は**戦略が実現しないことを早期に発見し，代わりに新たな戦略を策定し，その実現を速めるという面にも本質がある**。この戦略見直しのサイクルを極限までスピードアップすることができれば，1つひとつの戦略の善し悪しもさることながら，その経営手法そのものが競争優位を確立できる競争優位の源泉になりうるということである。

データがどんな意味を持つのかを決めるのは，企業の戦略（オペレーション戦略を含む）である。その，意味を持つデータを有効に活用し分析することで，次の戦略を生み出し，実現にこぎ着けることが，データドリブン経営の本分である。

3 アクションを決めるために必要なもの

前節では，戦略がデータドリブン経営の中心にあり，その実現を支援することがデータドリブン経営の本質であることについて触れた。戦略を実行するためには，データに基づいてさまざまな意思決定とアクションを起こしていく必要がある。その意思決定が着実に正しく行われ，正しいアクションの指示がタイムリーに行われることが理想である。しかし，その判断を行う人の力量によって方向性が変わったり，判断に時間を要してしまったりすることは，企業経営上望ましくない。

　そのようなことを回避し，データドリブン経営を加速させていくためには，誰が意思決定者であっても，**短時間で同じ意思決定やアクションの方向性を出せるような共通尺度が存在する必要がある**。マニュアルを見ながら経営をするようなイメージを持つかもしれないが，それに近い共通言語・共通解釈のまとめのようなものを，企業の中で持てるようにする必要がある。

❶　フレームワークの重要性

⬤　フレームワークの定義

　フレームワークは，枠組みや雛形といった意味合いで使われることが多く，特にコンサルティング業界では頻繁に使われる言葉である。本書で使うフレームワークは，その意味合いだけでなく，経営上必要となる気付きや常識といったものも含まれている。三枝匡氏がこのフレームワークを次のように定義しており，本書でもこの定義に則って論を進める。

　「フレームワークとは，経験・知見を単純化し，抽象化して，『考え方，見方，構図，概念，コンセプト』に転化したもの。目の前の混沌としているように見える状況について，原因と結果を見抜き，それをたくさん蓄積して敷衍化したもの」

　この定義に則ったフレームワークが組織内で共有されていれば，意思決定の内容がぶれることなく，スピードを持った意思決定とアクションを実践することが可能になる。

⬤　分析手法と分析結果を読み解くフレームワークが求められる

　企業経営で必要となるフレームワークは，戦略策定のフレームワークから分析のフレームワークに至るまで多岐にわたる。それらすべてを自社で揃えていくことは非常にハードルが高い。しかし，戦略策定のフレームワーク等については，コンサルティングファームや書籍等で代替できるものもあるだろう。

　データドリブン経営で重要になるフレームワークは，**分析手法と分析結果を読み解くフレームワーク**である。戦略は経営層や経営企画，事業企画といった

特定の企画系の人が作るため，その特定の人の間で共有化できるフレームワークを用意できればよいが，データをもとに判断する業務を担当する人は多岐にわたり，また頻繁に入れ替わる可能性が高い。そういうケースで**意思決定のしかた，分析のしかた，数字の判断のしかた**に関連するフレームワークが共有されていれば，企業全体として意思決定のスピードが上がる（迷うことがなくなる，間違い等の手戻りがなくなる等）はずである。

　例えば，工場で品質管理におけるリスクを分析する1つの指標として歩留りを見ることを想定してみよう。最初に当該工場におけるライン別の歩留率のレポートを確認し，歩留率が90％を切るラインを抽出する。抽出されたラインがあった場合には，工程別のレポートを確認し，同じく歩留率をチェックする。その後，その段階で閾値を超えたものについてはラインの責任者に問い合わせ，品質上どんな問題で生じたものなのかについての詳細レポートの提示を求める。

　このような一連のやり方・判断のしかたをフレームワークと呼んでおり，このフレームワークに従えば，分析担当が変わっても同じレベルの判断・意思決定ができるはずである。

　このフレームワークの精度（確からしさ）が上がること，フレームワークの数が増えることが，企業の競争力を高めることに寄与することになる。データドリブン経営を進めていくうえで，単にデータ収集やデジタル化への対応を進めればよいのではないことを認識し，フレームワークの構築に注力することが最初の段階では不可欠である。

❷　フレームワークの質が経営品質を決める

　フレームワークが普遍的なものであればあるほど，確実な意思決定やアクションが誰でもできるようになる。すべての分野でそうなるほど簡単に作れるものではないが，その精度が徐々に上がってくることによって経営品質が高まることは容易に想像できよう。しかし，データドリブン経営をまだ安定的に回せていない企業にとっては，フレームワークを見つけ出すことから始めなくてはならず，質を高める以前の問題であることは否めない。

　では，経営の質を高めるためにはどうしていく必要があるのか。これには，マネジメントのサイクルを少しでも短くし，繰り返し意思決定の判断や分析結果の検証を行える回数を増やすことが重要である。つまり，**経営のスピードを上げるということにほかならない**。そのためにデジタル化への対応が必須になるのであり，それを通じて戦略策定からデータ収集，データ分析から意思決定・アクションというサイクルを短くする仕組みをブラッシュアップしていくことが求められる。

　月次での意思決定に慣れている多くの日本企業にとって，経営層やミドル層の意思決定サイクルを急に短くするのはハードルが高い。その意思決定に必要な情報取得・処理や分析のサイクルを急激に短くすることが難しいからである。そのため，業務オペレーションに近い領域から短サイクル化を行い，フレームワークの構築と精度向上に取り組むアプローチが有効である。当然，短サイクル化にデジタル化は重要なファクターになるので，その対応も急ぐ必要があるだろう（**図表3-6**）。

図表3-6　P-FDCA

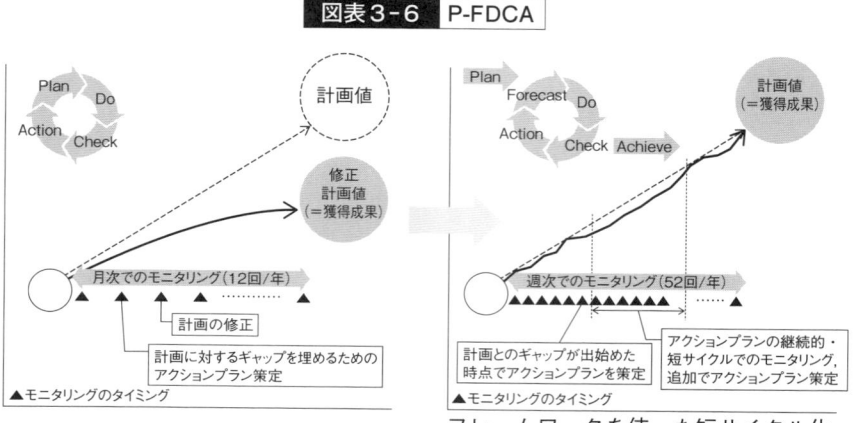

フレームワークを使った短サイクル化
（例：週次サイクルの実現）

❸　先が読めないからこそ必要となる理論（歴史）の世界

　不確実性が高まっている時代であるからこそ，データドリブン経営を実践することで迅速かつ適切な意思決定とアクションを推進しようとすることは，正しい方向性といえる。しかし，戦略がデータドリブン経営の根幹にある以上，戦略の善し悪しが企業経営に大きな影響を与えることは疑いの余地がない。企業経営にとって非常にリスクが高く，難しい時代に突入しているといって差し支えないだろう。

　だとすると，戦略を立てるにしてもどのようなフレームワークを使えばよいか，時代に合ったものを模索する必要があるのではないか，大きな投資はせずにじっと我慢するべきではないかと，さまざまな思いが交錯し，結果として経営のスピードを落としてしまうことになりかねない。

　そこで重要になるのは，理論である。ここで理論といっているのは，企業経営の歴史といってもよいかもしれない。これまでさまざまなフレームワークが世に出ており，その理論を背景にさまざまなトライアンドエラーが行われてきた。歴史的背景と理論の関係を紐解くと，現代にも通じる考え方に出会えたり，歴史が繰り返していることに気付いたりする。結局のところ，現在においても戦略策定時に使われているフレームワークは，古くからあるマイケル・ポーターの理論であったり，PPM（Product Portfolio Management）であったり，マーケティングではコトラーの4Pが使われたりするのである。

　デジタルの時代が到来し，さまざまなものが以前と大きく様変わりしている。だからといって，企業経営が根本から変わってしまうというわけではない。しっかりと歴史を見渡し，対処していくべきところもあるということを意識して，その中で新しい部分にどう対応していくか，新旧織り交ぜたいわゆるハイブリッドの世界をどう構築していくかを考えていく必要がある。**新たなフレームワークと古くからあるフレームワークの融合を目指す**といったほうが，わかりやすいかもしれない。

4 人＋データ（デジタル）＝経営

デジタル化が進み，データドリブン経営も高度化されていくと，どうしても
データ（デジタル）＝自動化というイメージがつきまとい，人がいらなくなる
印象が強まる。しかし，データドリブン経営で人が担う役割は非常に大きい。
今後，作業レベルでは，人の役割が変わることがあっても，意思決定をはじめ
とする重要な役割は人が担うことに変わりはない。**データドリブン経営は，人
とデータ（デジタル）が合わさって，はじめて成り立つ経営手法**である。

以下では，データドリブン経営における人の役割に触れる。

❶ 人とデータが融合した経営とは

活用する選択肢は人が握っている

ここまで見てきたように，企業経営にとってデータの重要性は高まっており，
データが新たなビジネスモデルのもとになる等，価値のあるものとして認識さ
れている。わたしたちの日常生活でもデータの重要性は高まっており，日々の
生活で数々のデータを見ながら，購買を行ったりエンターテインメントを楽し
んだりしている。一方で，アナログな世界も多く残っており，そういったアナ
ログへの回帰も増えてくるかもしれない。

しかし，わたしたちの世界は，もはやデータ（デジタル）なしでは成り立た
ない部分が多くなっている。今後，データの重要性が下がっていくようなこと
は起こらないと予想される。だからといって，わたしたちはデータに支配され
ているわけではない。**活用する選択肢は人が握っている**ことに変わりはないの
である。つまり，データと人がうまく融合して成り立っている状況を作ってい
るということになる。

イネーブラーとしての期待

企業経営も同様に，人とデータが融合する世界を成り立たせなくてはならな

図表3-7　人とデータのループ

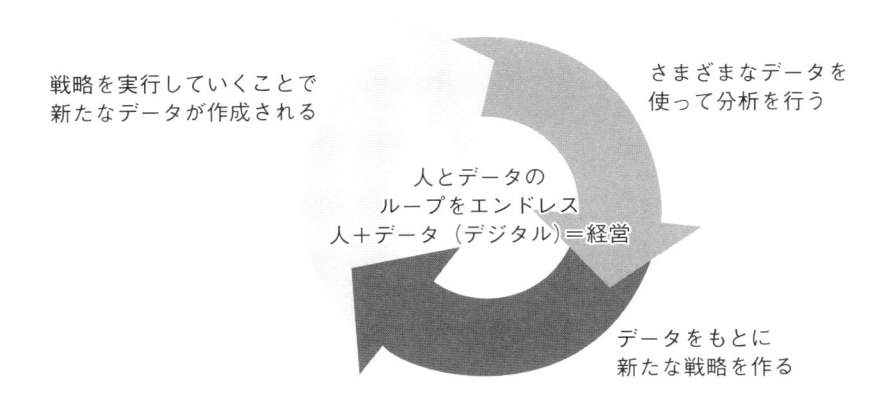

戦略を実行していくことで
新たなデータが作成される

さまざまなデータを
使って分析を行う

人とデータの
ループをエンドレス
人＋データ（デジタル）＝経営

データをもとに
新たな戦略を作る

い。融合している世界とは，人が戦略を策定するためにさまざまなデータを使って分析を行い，そのデータをもとに新たな戦略を作り，その戦略を実行していくことで新たなデータが作成され，そのデータがまた人の行動を変えていくといった，**人とデータのループをエンドレスに作っている世界**である（**図表3-7**）。

　データドリブン経営とは，まさにこのような人とデータが融合した経営を具現化するものである。**データが新たな価値を生み，人がデータに新たな意味を与えるという活動**を通じて，結果として企業が経済，社会に貢献していくイネーブラー（後援者）として今後働くことが期待されるものである。

❷　人の役割は技術の発展に伴って変わる

● 技術の進歩は人の仕事を奪う

　人とデータが融合する世界において，人の役割がいつまでも変わらないのかというと，そうではない。これまでも，その役割は変化してきている。人が紙に書いてやっていた仕事は，コンピュータが活用されることでなくなり，その分，人の仕事はコンピュータを使いこなすほうへシフトしてきた。インターネットの出現によって仕事のしかたは大きく変わり，数々の紙媒体が関連する

ような仕事が姿を変えている。デジタル化はさらに人の仕事を大きく変える可能性があり，AIが人に取って代わるという話もささやかれる。

　今後も，技術の進歩によって人の仕事がなくなることは必ず出てくる。人がインプットする仕事はユーザーインターフェースの進歩によって自動化されるだろうし，人が処理を実行してきたことも，AIによる自動化が進むと，なくなる可能性が高い。

技術の発展が新たな人の仕事を生み出す

　しかし，その技術の発展が新たな人の仕事を生み出すことを認識しておく必要がある。

図表3-8　技術の発展が新たな人の仕事を生み出す

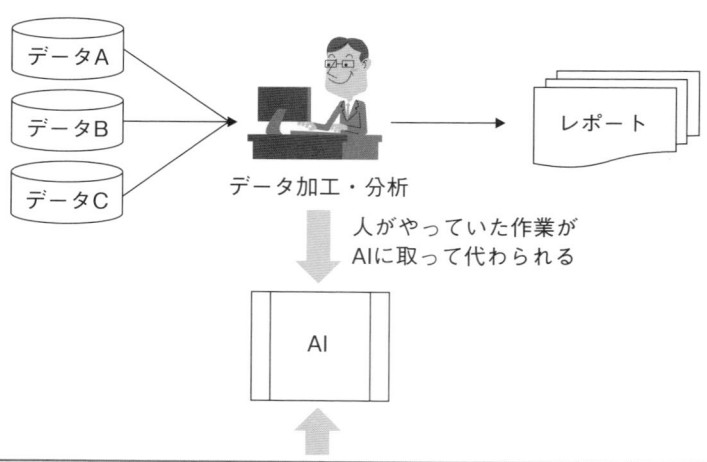

データA
データB
データC
データ加工・分析
レポート
人がやっていた作業が
AIに取って代わられる
AI

AIによって生み出される新たな仕事

AIの設定・改善　　教育データの作成　　新たなAIの開発

　第1章のAIの項で触れたように，AIが発展すると学習させるためのデータを作る仕事は増えるし，データが増えることで分析結果は多種多様になる。そのため，その判断をする人が複数必要になることも考えられる。当然，そうしたデジタル技術を使いこなすためのツール類の開発といった仕事はさらに爆発的に増えるし，データをストアするためのストレージを製造する仕事もなくなることはない（図表3-8）。

　人とデータが融合する世界で，人が担っていた仕事が，デジタル技術によってコンピュータやロボットが行うようになることは今後も続き，**人が新たな役割を担わなければなくなる分野が現れることは疑いがない**。その変化に**柔軟に追随していくことが人に今後求められること**であり，人も新たな技術を受け入れ，それを使いこなす努力をし続ける必要がある。そのための環境を用意することが，今後の企業に求められる役割になるであろう。

❸　意思決定は人の仕事

●　AIが意思決定するには学習すべき情報が多すぎる

　人の役割には，技術の進歩によって変化するものと，変化しないものとがある。変化しないものは，意思決定を行うことである。

　AIが発展すれば，さまざまな判断をAIが行うといわれているが，データドリブン経営における意思決定はアクションにつながるものであり，それをAIが自動的に学習結果に基づいて行うということは，近い将来に実現はしないと考えられる。さまざまなデータの自動計算技術は進歩するだろうが，その結果を総合的に判断して意思決定するには学習すべき情報が多すぎ，それだけの学習データを用意しインプットすることは現実的ではない。

　また，企業経営においては，不確実な部分を経験から判断することもまだまだ多い。そこまでコンピュータが行うことは，少なくとも一般企業が使えるようになるまで相当な時間がかかるだろう。人対人の場合，口ではOKと言っているが本当の思いは違う，といったところまでを勘案して，次のアクションを決めることが往々にしてある。そこまでAIに判断しろというのは，まだまだ

酷というものである。

● データドリブン経営を成功させる最後の砦

したがって，意思決定については人が行い，人がその精度とスピードを上げていく責任を負わなくてはならない。**デジタル化が進む中で，人が理解しなくてはならないデータの意味，範囲，判断までのスピード等は著しく変化してきている。それに対応することは人の責任であり，使命である。**

データドリブン経営を成功させる最後の砦は，この，意思決定をする人の部分である。仕組みの構築ばかりにとらわれることなく，意思決定をしてアクションをする人への対応をしっかりと考えることに留意が必要である。

5 グローバル企業に見る成功要因

デジタル化の遅れもあって，日本企業によるデータドリブン経営の実践は，グローバル企業に比して本格化しているとはいえない。そのことに対する焦りはあるものの，日本固有の問題も手伝って混沌としている企業が後を絶たない。グローバル企業はデジタル化を推進し，データを使ってビジネスモデルの変革を実現したり，デジタルトランスフォーメーションを成功に導いたりしている。グローバルにビジネスを展開している日本企業としては，一刻も早く，自らそのような企業と対等な戦いを挑み，勝利を収めたいと思っているはずである。

では，一足先に成功を収めたグローバル企業はなぜ成功したのか。日本企業がヒントとすべき事項を見出すべく，整理をしてみよう。

❶ 環境の変化に追随する

● 欧米の企業だから成功したというわけではない

グローバルでデジタルトランスフォーメーションを推進してきた企業は，老舗企業かどうかは関係なく，環境の変化に追随できた企業ということができる。

欧米の企業だから成功したというわけではない。Fortune 500（米フォー

チュン誌が毎年公表する全米上位500社リスト）も４割が入れ替わるといわれているように，急激なデジタル化の波に追随できない企業は海外企業にも存在し，そのような企業は競争に敗れていくことが予想されている。一方で，欧米ではベンチャー企業が台頭し，GAFAに代表される，データに価値を与える新たなビジネスモデルを実践した企業が席巻している。こうしたビジネスモデルが大きく変化しているマーケットにおいて，**老舗企業であってもその変化に追随できた企業は，新たな成長曲線を描くことに成功している。**

● 老舗企業２社の事例

　環境の変化に追随した老舗企業の例をいくつか挙げてみよう。

　まず，穀物メジャーのCargillは創業150年を超える老舗企業であるが，デジタル化の時代に対応すべく，NoOps環境の構築にいち早く乗り出している。食料問題の解決を図るべく，イノベーションとテクノロジーによる変革を加速させていこうとしている。

　NoOps（No Operations）とは，サーバーレス環境と自動化による運用保守のノーオペレーション化を志向する考え方である。完全にノーオペレーションになることはないものの，ほぼ完全自動化させることを想定した取組みである。この環境を使って，迅速に新しい製品を市場に出したり，顔認証による家畜飼育管理システムを構築したり，またエビ養殖場のモバイル遠隔管理システムを構築する等，新たな取組みを成功させてきている（**図表３-９**）。

図表３-９ Cargillの例

- ☑ Cargillは世界の食料問題の解決に向け，イノベーションとテクノロジーによる変革を加速
- ☑ NoOpsジャーニーの歩み
  - ITリーダーチーム全員がDevOpsブートキャンプに参加，NoOpsモデルのインパクトを体感
  - 開発／運用標準を定義，自動実行のプラットフォーム環境を構築
  - APIベースの開発，オープンプラットフォーム推進

- 開発時にセキュリティスキャン自動化（DevSecOps）
- ☑ ITとビジネス部門の壁を超える取組み
  - 好意的なスポンサー部門をアーリーアダプターとして支援
  - 適用部門を徐々に拡大
  - 成功事例を重ね，視点をプラットフォームから「成果」へシフト
    （例：迅速な新製品の市場化）
- ☑ 畜産，水産現場のデジタル化に投資

　もう１つ，老舗企業のデジタル変革の例は，Nordstromである。創業110年を超える老舗百貨店だが，いち早くデジタル界のファッションリテイラーを標榜し，その実践に邁進している。

　デジタルを使った新店舗の開発等を自社のチームで行っており，デジタルを使った新たな体験をユーザーに提供している。具体的には，アプリで予約をする，試着・スタイリング専門の試験店舗の開設である。この店舗は，服を販売することが目的ではなく，体験させることが目的である。そこから新たな商機を見出すために，技術（EC，データサイエンスを含む）をさまざまな領域に活用しようというものである（**図表3-10**）。

図表3-10 Nordstromの例

- ☑ Nordstromはデジタル界のファッションリテイラーを標榜
- ☑ アプリで予約，試着・スタイリング専門（在庫なし）の試験店舗Nordstrom Localをオープン（LA増設，NY新設予定）
- ☑ 新型店舗の価値は体験重視，販売にあらず
- ☑ CDO（チーフデジタルオフィサー）がEC，データサイエンス，プロダクト，UXチームを整合

● 自ら変わろうとして行動に移している

　２つの老舗企業の例を挙げたが，どちらも伝統的な企業であり，固定的な顧客を多く抱えている。しかし，デジタル化が進むビジネス環境に敏感に反応し，

数年後の自社のビジネスを考えたデジタルトランスフォーメーションに乗り出している。**環境の変化に追随することで，これまでのビジネスを守りつつ，未来のビジネスチャンスを逃さない経営を目指した結果**である。

　数年後にこれらの企業が勝者になることが決まったわけではない。しかし，**グローバル競争の中で戦いの場に参加する資格を確実に手に入れていることが重要なポイント**である。当然，すべてがうまくいったわけではなく，試行錯誤の中で生み出されている結果ではある。しかし，変化に追随するために自ら変わろうとして行動に移した点は，共通するポイントである。

❷　企業文化を変革する

● デジタルに精通した人だけでできるわけではない

　2つ目の成功ポイントとして挙げるのは，企業文化の変革である。**デジタル化が進まない大きな理由の1つは，今までとは違うという点**である。考え方が違う，データ量やデータの種類が違う，使われている技術が違う，使い方が違う等々，さまざまな違いが企業を戸惑わせている。

　その変化にいち早く対応するためには，デジタルに精通した人を集めればよいというわけではないということを，グローバル事例は示している。デジタルに精通した人だけでデジタルトランスフォーメーションを実現することができるわけではない。結局のところ，業務を遂行する1人ひとりがデジタルやデータの意味を理解し，日々の業務で実践していかないと，企業全体のデジタルトランスフォーメーションは完成しないのである。

● 企業文化改革を推進した2社の事例

　Atlassianの例を見てみよう。世界的な開発ツールベンダーとして有名な企業で，日本でもデジタル化プロジェクトでシステム開発の際に利用することが増えてきている。

　企業のデジタル化を支援する立場のAtlassianは，その成長の過程で自らもデジタル化させ，ツール開発をよりイノベイティブに，アジャイルにできるよ

う，企業文化を醸成してきた。彼らの具体的な取組みは，チームの潜在能力を開放し，チームがうまく機能するための手引書を通じて，どんなチームにでも適用できる，チームによるチームのためのツールを公開したことである。これは「The Atlassian Team Playbook」と呼ばれる。Webに公開されているので誰でも参考にすることができるが，Atlassianの価値観，チームとして成果を上げるための共通の価値観を詳細に記してある。

アジャイルでの開発を進めていくためには，そのスプリント（開発の単位）での品質はもちろんのこと，チームワークが非常に重要になる。また，スプリントを繰り返して完成版にまで質を高めていくためには，皆が同じ方向を向いて高いパフォーマンスを発揮することが非常に重要である。そのためには，企業文化そのものをデジタル時代に適したものに変化させる必要があると判断し，それを実行したのである（**図表3-11**）。

図表3-11 Atlassianの例

Atlassianは，世界的な開発ツールベンダーとして成長する過程の中で，さまざまな取組みを実践。企業文化を醸成
- 組織やチームを作っていくうえで，チャレンジとなるポイントは「Scaling（スケールすること）」，「Time（時間的制約）」，「Multiplier（乗数。ここでは分散開発などが含まれているよう）」，「Perfection（完璧にやりとげること）」
- チームの潜在能力を開放し，チームがうまく機能するための手引書として「The Atlassian Team Playbook」を公開。このPlaybookは，どんなチームにでも適用できる，チームによるチームのためのツール

もう1つ，デジタルトランスフォーメーションを実現するために企業文化改革を推進した他の事例として，INGを挙げておこう。

INGはオランダ発祥の総合金融機関であり，ビジネス環境としては，リテールバンキングをはじめとして顧客に対するユーザーエクスペリエンスの向上やデジタル化は必須となっていた。そこで，INGはアジャイルを用いた組織改革を実施し，新組織を起ち上げることを全社員に通知した。全員が新組織のポジ

ションに改めて応募し，組織を作り直すことを断行したのである。その結果，全体の40％が以前と違うポジションに就くことになった。

　それほど大きな組織変革を行ったが，その重要な要素は「アジャイルな働き方を推進する」，「わかりやすい組織にする」，「DevOpsをきちんと活用する」，「新しい人材モデルを作る」の4つであった。これらの要素はアジャイルな文化を根付かせるために重要であった。2015年に開始された組織変革だが，今では金融サービス業界における「テクノロジー企業」として，アジャイルを基本に据えた経営を推進している（**図表3-12**）。

図表3-12 　INGの取組み概要

- アジャイルを用いた組織改革を実施。グループ本社の核となる部門からはじめ，成功事例を他組織に展開
- 2014年後半に戦略とビジョンを策定。その後8～9か月で新しい組織と働き方を本社全体に実装（オフィス改装を含む）
- 全員が新組織のポジションに改めて応募。組織を作り直す（2015年1月に，本社の「すべて」の従業員が「Mobility」の対象になるとアナウンス。2,500人を選考し，全体の約40％は以前と違うポジションに就く結果に）
- 変革の重要な要素は4つ
  1. アジャイルな働き方を推進：ITとビジネスは同じオフィスにいてSquadに属する。コラボを妨げるマネージャーは不在
  2. わかりやすい組織：「アジリティ」を失わせるような複雑な組織にしない
  3. DevOpsをきちんと活用：新しいソフトウェアを「頻繁に」リリースすることを重視
  4. 新しい人材モデルを作る：異なるレイヤーの知識や専門性をうまく「組み合わせる」
- オーナーシップ，権限付与，顧客の重視など，アジャイルな文化に不可欠なことを浸透させるために，時間と労力を費やす
- 自身を金融サービス業界における「テクノロジー企業」であると再定義。トップのハイテク企業等を参照し変革を遂行

● 必要な変革をやりきれるか

　データドリブン経営を実践するためにはデジタル化への対応が必須であり，デジタルトランスフォーメーションを実践していくことが必要となる。上記2社の変革から学ぶべきこととしては，**今までと同じ企業文化のままでは環境の変化についていけないという現実を認識したうえで，必要な企業文化の変革をやりきったというところに成功の秘訣がある**ということである。

　AtlassianにしてもINGにしても，組織変革がすんなりいったわけではない。数々の失敗を繰り返しながら，そこから学んで，アジャイルに次の施策を実行するように企業全体が変わったということである。デジタルという新しい波を受け入れることに躊躇している多くの日本企業は，このような企業文化の改革がどうしても必要になるという点を学ぶ必要があるだろう。

❸　デジタルを中心に据える

● デジタルトランスフォーメーションの実現が最優先経営課題

　環境変化にせよ企業文化の変革にせよ，その中心にいて企業に力を与えたり，はたまた悩ませたりしている根本は，デジタルである。データの重要性が高まっているのも，それだけデータを意味あるものとして取得・分析できるようになったデジタル化が要因であるし，顧客行動が変化したのも，デジタル技術が背景にあることは疑いようがない。

　そのような環境に対応するために，デジタルを企業経営の中心に置いて，戦略を含む企業経営全体を再構築しているグローバル企業が多い。前述のAtlassianやINGもそうであるように，デジタルトランスフォーメーションの実現が最優先経営課題であるとして，投資の集中や戦略の見直し，企業文化の改革等を進めているのである。

● 真のアジャイルな進め方を実践

　これらの成功している（と現時点では見られる）グローバル企業に共通しているのは，**デジタルを中心に据え，デジタル化を推進することが最優先事項で**

あるとして経営を進めてきているという点である。アジャイルへの対応を標榜したら，徹底的にそのために企業のリソースを使う。AIへの投資については，戦略的に必要と判断すれば徹底的にそこに注力し，うまくいかなければすぐに別の対応をするといった，真のアジャイルな進め方を実践している。

　このような全社挙げての対応は，日本企業ではなかなか見られない。しかし，デジタル時代のデータドリブン経営実践のためには，避けて通れないことを日本企業は認識すべきであろう。それだけ大きな変化がビジネス環境には起きており，生き残りをかけた戦いの火蓋は切って落とされている。これ以上の停滞をしないように，**自らがどのようにデジタルトランスフォーメーションを進めていくかが問われている**のである。

　本章では，デジタル時代におけるデータドリブン経営の本質について触れてきた。単にデータを見ながら経営をしていくことではなく，戦略を実現するために数々のデータを駆使することがその本質であることに留意しなくてはならない。

　その中心にあるのは戦略であり，デジタルがその実現のために必須のアイテムだということを認識したうえで，日本企業に合ったデータドリブン経営の実現アプローチを考えなくてはならない。

　しかし，企業文化の変革が必須である等，多くの日本企業にとっては相当ハードルが高い部分がある。それは結局のところ，デジタル化への対応ができるかどうかにかかっているということであり，**避けて通れない以上，何としても越えなければならない壁**である。

　では，日本企業がこの高い壁を乗り越えるためにどういうことをしなくてはならないのか，どういう大きな変革を自社で起こさないといけないのかについて次章で整理してみよう。

第 4 章

デジタル時代を乗り切る戦略

　デジタル時代に突入した現在，デジタルを避けて通ることは企業経営上難しいうえ，経営そのものもデータドリブン経営が基本となってくることが想定されている中，日本企業は，その根本にある戦略の部分で，また前提となるデジタル化の部分で苦しい戦いを強いられている。もちろん，どの日本企業も変わるためにさまざまな努力をしており，決して静観しているわけではない。しかし，グローバル競争下にあるほとんどの日本企業が，グローバルの変化に追いつけていない。

　このような多くの日本企業にとって苦しいと感じられる時代を，どう乗り切っていけばよいのだろうか。

1 負けを認めて一から出直せるか

　戦後の復興をめざましい勢いでやり遂げ，高度経済成長期を経て，Made in Japanが世界を席巻した。トヨタ生産方式をはじめとして，日本のオリジナルな経営手法がグローバル競争の中で数々の勝利を収めた。その後，抜群の強さを見せていた日本の製造業は，中国や他の新興国との競争にさらされることになり，日本独自の仕様にこだわるあまりガラパゴス化し，国際競争力を失う結果となった。

　ほとんどの日本企業が認めないかもしれないが，客観的に見て，日本は欧米だけでなく，中国や他の新興国にも負けている状態にある。1人当たりGDPの推移を見ると，タックスヘイブンの小国を除き，2000年に実質世界1位であった日本は，2018年には20位台に大きく順位を落としている。実質GDPの推移を見ると，日本は2005年以降ほぼ横ばい，1位米国，2位中国が成長を続けているのに対して，その差は大きく広がっている。実質GDP成長率で極めて低水準であり，リーマンショックの時でもマイナス成長にならなかった中国，インドと比べると，勢いの差は歴然としている（図表4−1）。

　このような経済指標は企業業績のみで成り立っているものではないが，それはどの国も同じであることを勘案すると，現状を判断する1つの物差しとしては有効に機能すると考えられる。しかし，この危機意識をどれだけの日本企業の経営層が持っているかについては疑問が残る。

　日頃，クライアントである日本企業の経営層から危機意識に関する言葉は耳にするものの，**企業全体がその危機意識を共有できているとは思えない状況**にある。景気そのものに大きな懸念が明示的に表れているわけではないことも影響していると考えられるが，グローバル企業の動き，特に新しいビジネスモデルの台頭をそこまでの危機としてはまだ感じられていないようである。しかし，もう少しマクロな目線も含めて，現在の状況を冷静に分析する必要があると考えられる。

図表4-1　実質GDPの推移

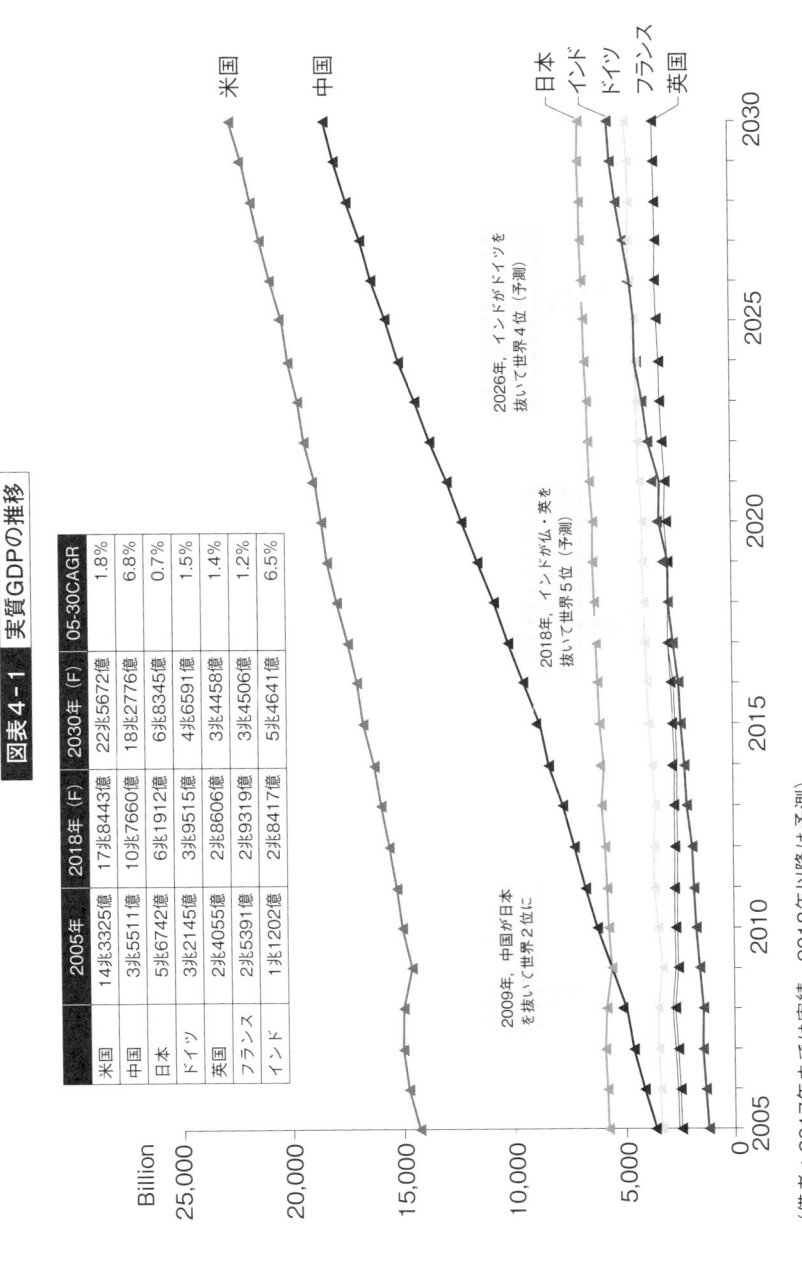

	2005年	2018年（F）	2030年（F）	05-30CAGR
米国	14兆3325億	17兆8443億	22兆5672億	1.8%
中国	3兆5511億	10兆7660億	18兆2776億	6.8%
日本	5兆6742億	6兆1912億	6兆8345億	0.7%
ドイツ	3兆2145億	3兆9515億	4兆6591億	1.5%
英国	2兆4055億	2兆8606億	3兆4458億	1.4%
フランス	2兆5391億	2兆9319億	3兆4506億	1.2%
インド	1兆1202億	2兆8417億	5兆4641億	6.5%

（備考：2017年までは実績、2018年以降は予測）
（出所：The Economist Intelligence Unit（EIU））

10年ごとの成長率比較

	1990-2000	2000-2010	2010-2020 (F)	2020 (F)-2030 (F)
米国	3.4%	1.7%	2.2%	2.0%
中国	10.4%	10.5%	7.2%	4.2%
日本	1.3%	0.6%	1.0%	0.9%
ドイツ	2.0%	0.9%	1.7%	1.4%
インド	5.3%	7.6%	6.8%	5.4%

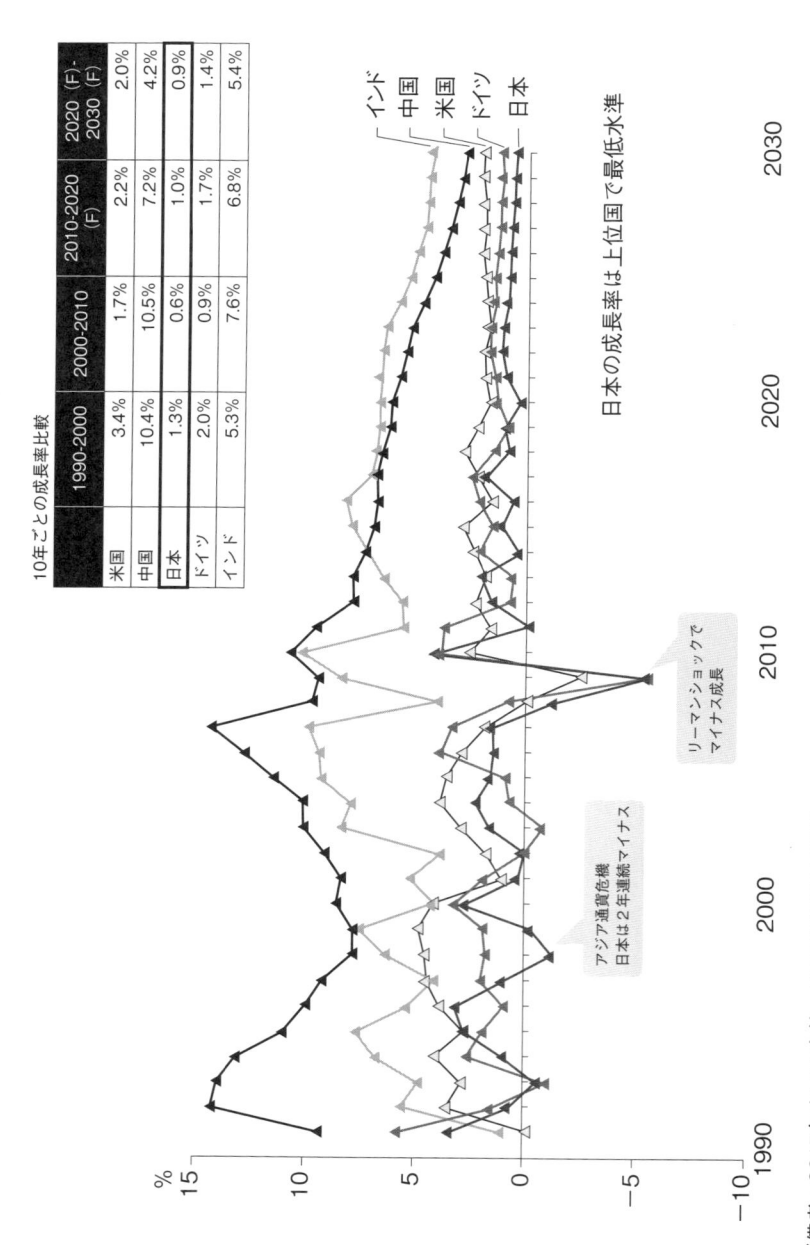

日本の成長率は上位国で最低水準

アジア通貨危機
日本は2年連続マイナス

リーマンショックで
マイナス成長

（備考：2017年までは実績、2018年以降は予測）
（出所：The Economist Intelligence Unit (EIU)）

❶　バブル崩壊後，日本は一度も浮上していない

⬤　過去の成功体験を忘れられない日本企業

　1991年のバブル崩壊までの日本は，高度経済成長期からの流れを受け，GDP世界2位の定位置をつかむまでに成長を見せてきた。低コストで品質の高い製品を世に送り出し，誰にも負けない製品力で世界を席巻していた時代である。いいものを作れば売れる時代でもあったが，その中で日本は独自の手法で成長を続け，その成功体験を正として，さらにそのレベルを高めていく戦略をとる企業がほとんどであった。例えばエレクトロニクス業界で，世界で初めての製品を出すことにこだわる企業もあれば，最初に出すわけではないが抜群のコスト競争力と高い品質でシェアを奪う戦略をとる企業もあるといった具合に，日本企業同士がそれぞれの戦略で戦うことで，グローバルでも，ともに勝ち組になっていた。

　しかし，バブル崩壊後，それまでのような輝かしい成功・成長を日本企業は取り戻したことがあるだろうか。もちろん，グローバルトップの日本企業や，グローバルに業界をリードしている企業も存在している。しかし，多くの日本企業は過去の成功体験を忘れられないのか，その後の時代の変化に対して改革を進めることができず，中国や他の新興国と分の悪い勝負（価格勝負）を繰り広げているのが現実である。過去に世界最高水準にまで上り詰めた日本の経営は，その後のバブル崩壊やリーマンショックを経た現在において，一度もその水準に返り咲いていない。世界企業の時価総額ランキングを見ても，1989年にトップ50に入っていた日本企業が32社あったのに対し，2018年ではわずか1社である。Fortune global 500を見ても1995年時点で141社の日本企業がランクインしていたが，2019年には52社まで落ち込んでいる。AlphabetやAmazonのような，ITをてこに成長を続ける新たな企業が台頭している昨今，同様の新たなビジネスを展開する企業が日本であまり多く輩出されていないことからも，変化への対応ができていないといわざるを得ない。

● 惰性で経営をしてきたツケ

これらの原因は企業によって異なるし，しかも多岐にわたる要因が複雑に絡まった結果であろう。しかし，日本経済が絶頂期にあったときに，多くの日本企業は多角化に乗り出し，M&Aを繰り返し，海外にも積極的に進出した。その戦略がことごとく失敗に終わったにもかかわらず，その戦略を見直すことを怠ったこと，つまり，**時代の変化や自社の限界（本当の実力）を把握しようとせず，惰性で経営をしてきたことが，復活できなかった最も大きな原因**である。

その文化はリーマンショック以降変わりつつあるといえるが，抜本的な改革に成功した企業はほとんどない。バブル崩壊後に設立・成長してきた企業のほうが，デジタル時代に適合できているケースが多いことを勘案すると，日本企業のグローバル市場における再興は，老舗企業の変革が成功するかどうかにかかっているといってもいいかもしれない。

❷ デジタル時代の幕開けは完全な敗者からのスタート

● 現在も完全な勝者はいない

そのような歴史的背景や文化的背景に鑑みると，昨今のデジタル時代に追随できない企業が多いのは当然の帰結かもしれない。時代の変化が激しくなると，それまでの成功体験や今のビジネスモデルを否定できない，あるいは改革を進めるか否かの結論を先送りにするという文化が邪魔をするのである。

今，目の前にあるデジタル化の波は，これまでにないスピードで押し寄せており，日本企業に変化を迫っている。**見て見ぬ振りをするこれまでのやり方を踏襲した場合，企業が生き残れるかどうか疑わしいほどの緊急性を持っている変化**である。

これまで見てきたように，多くの日本企業は，デジタルという文脈では完全に周回遅れになっている。この事実に真摯に向き合って，敗者である認識，チャレンジャーである認識を持って，次の時代に勝負を挑むことができれば，まだまだ勝者になれる可能性がある。この**デジタル時代は変化が激しく，現在でも完全な勝者がいる状態ではない**からである。

● 同じ土俵に上がる覚悟を

　勝者としてGAFAが取り上げられることは多い。しかし，彼らももともとはベンチャーからのスタートであった。これだけの大企業になった現在，今後の戦略の舵取りは難しさを増している。過去の日本企業がそうであったように，成功の後に時代に取り残される可能性もある。

　ただ，日本企業が彼らと同じ土俵に上がらなければ，再度日本企業が世界を席巻することはない。そうならないために，自社のスタートラインを正確に認識し，何を競争優位として戦略を策定するかというところから始める覚悟を持つことが重要である。

❸　必要なことは勝者から学ぶこと

　チャレンジャーとしてのスタートを切る覚悟を持ったとしても，「これまでデジタル化が進んでいない企業に何ができるというのか」という疑問を持つ人もいることだろう。これまでと同じ人が同じやり方で挑んでも，同じ結果になるのが関の山であることは否定できない。

　しかし，こちらが完全な敗者だということであれば，話は違う。敗者であるということは，勝者がいるということであり，勝者がなぜ勝てたのかを知ることができるはずである。しかも，敗者からのスタートであれば，素直に真似すべきところを真似し，そのうえでさらに勝者を越えるためにどうするかを考えることができるはずである。

　日本企業が世界を席巻していた時代，それまで世界のトップに君臨していた米国の企業は，敗北を認め，日本企業のやり方を徹底的に勉強した。トヨタのカンバン方式を研究し，品質管理を研究し，どこに強さの秘密があるのかを徹底的に調べ，その内容を汎用化し，フレームワークとして米国企業が自社に導入することで，現在の強さを取り戻したのである。その研究に寄与したのはビジネススクールの教授やコンサルティングファームであり，米国企業は彼らの理論の導入・実践に愚直に取り組んだのである（**図表4-2**）。

　今度は日本企業がそれをやる番である。日本企業の悪い癖は，海外の事例を

図表4-2 日本企業が世界を席巻していた時代

日本企業　　　　強さを徹底的に　　　　　　　　　その強さを汎用化し,　　　　米国企業
　　　　　　　　　調べる　　　　　　　　　　　　フレームワークとして
　　　　　　　　　　　　　　　　　　　　　　　　米国企業に導入する

強さ：　　　　　　　　　　　　ビジネススクールの教授,
・カンバン方式　　　　　　　　コンサルティングファーム
・品質管理
・…

「環境が異なるから」と参考にしようとはせず,日本の他社事例ばかりにこだわるところである。**勝者のやり方を勉強し**,そこから**自社に適用できる普遍的な部分は何か(フレームワーク)を特定し,愚直にその導入に取り組む**ということを進めなくてはならないのが,まさに今である。

2 スピード(時間)を最優先できるか

　勝者から学ぶ際に,多くの日本企業が最も差を感じるであろうポイントが,スピードに関してである。日本ではスピードを最優先する文化があまりなく,コストを優先する傾向が強い。しかし,グローバル企業のデジタルトランスフォーメーションの事例を見ていると,いかに迅速にアクションに移すかという点を最重視していることに気付く。

❶ 経営者が時間の価値を理解できているか

　デジタル化の波に追随している企業のCEOは,必ずといっていいほど,環境変化に対して順応できるだけの柔軟性を確保することを優先している。つまり,**常に最短のスピードで意思決定をし,アクションを起こせるように,仕組みやその他のプロセスを整えることに最大限の努力を払っている**。

　それは,変化が激しいデジタル時代において,その変化のスピードに追随することがどれほど重要かがわかっているからである。**スピードを犠牲にして一**

度でも勝機を失ってしまうと，**再戦の機会があるかどうかわからない時代**であることがわかっているからである。また，そのスピードは他社に対する競争優位となるため，他社よりも速く適切なアクションを起こすことに注力する傾向が強い。

　データドリブン経営を成功に導くためには，このような考え方を理解できるかどうかが鍵となる。先に述べたように，日本企業は時間的な優位性よりもコスト優位性を是とする文化が強い。国民性かもしれないが，開始時間に遅れることは許容しないが，会議等が延長されることについては寛容である。もともと時間に対するシビアさが海外企業と比べて足りない文化であるため，デジタル時代の経営者の時間感覚に共感できないかもしれない。しかし，この違いこそが，今の日本企業とグローバル企業の差として現れているのである。

❷　意思決定スピードの価値

　意思決定スピードの価値については経営管理の分野で語られることが多いが，このことにどれだけの日本企業の経営者が理解を示しているだろうか。月次での意思決定より週次での意思決定のほうが有効であり，週次よりも日次の意思決定のほうが有効だという根拠についてきちんと理解できているのだろうか。

　月次では1年に12回の意思決定が行われるが，週次では52回となる。日次なら営業日数にして約250回というところであろうか。人が判断することであり，また環境の変化が激しい昨今において，意思決定を誤ってしまうことは珍しいことではないだろう。誤らないに越したことはない。しかし，誤ったとしても，それが年に12回しかないタイミングのうちの1回なのか，52回のうちの1回なのか，250回のうちの1回なのかでその重みは大きく異なる。

　極端な話，**意思決定回数が多ければ多いほど，少々誤っても挽回する**（回復させる）**チャンスはいくらでもある**ということである。また，**マーケットの変化を吸収するタイミングもタイムリーに訪れる**ということである。意思決定スピードを上げるということは，この失敗を許容する，あるいは修正するポイントを増やすことにつながり，より柔軟な経営の実現に寄与するのである（**図表**

図表4-3	意思決定スピードを上げる意味

	意思決定スピード	年間		
		意思決定の回数	1回失敗する時の重み	マーケットの変化を吸収するタイミング
低い	月次	12回	12回の中の1回	毎月
	週次	52回	52回の中の1回	毎週
高い	日次	250回（営業日のみ）	250回の中の1回	毎日

意思決定スピードを上げるということは，失敗を許容する，あるいは修正するポイントを増やすことにつながり，より柔軟な経営を実現する

4-3)。

変化のスピードや変化の影響が企業に与えるインパクトが，日に日に大きくなっていることは，多くの日本企業の経営者が気付いているだろう。その解決策が意思決定スピードにあるということに気付けるかどうかは，重要なポイントである。

❸ アジャイルへの移行を経営者が決断できるか

● トライアンドエラーを繰り返していく

意思決定スピードに関して触れたが，そのスピードを速くすることとともに，アクションのスピード（オペレーションのスピード）も速くする必要がある。企業経営全体のスピードを速くする必要があるからである。デジタル時代に入って当たり前に語られるようになったアジャイルという手法が，この段階で重要な要素となってくる。

アジャイルはプロジェクト推進・管理手法の1つとして捉えられるが，誤解を怖れずにいうと，これまでのような「しっかり設計をやってからそのとおり

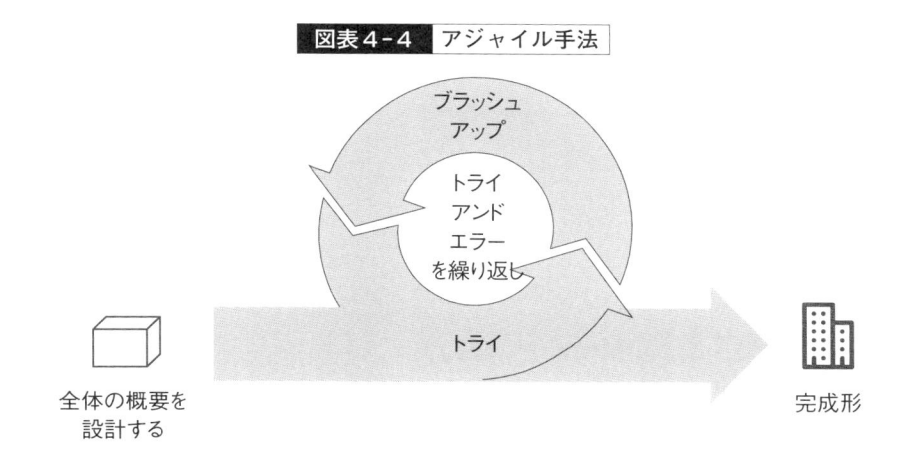

図表4-4　アジャイル手法

に開発をします」という手法ではなく，全体の概要を設計したら小さな固まりを試しに作ってみて，その後，それをブラッシュアップして完成形に持っていくという手法である。いうならば，**トライアンドエラーを繰り返して完成版を作る手法**である（図表4-4）。

　アジャイルの中にもいくつかの手法があるが，昨今デファクトスタンダードになっているのは，スクラム型のアジャイルである。内容は専門書に譲るが，スクラムマスターのもとで，役割を持ったメンバーが共同で形作っていくアプローチである。

● スピード重視でアジャイルへの移行は必須

　アジャイルへの移行は，理屈でわかっていても，やってみないとわからないことが多い手法でもある。このため，小さな組織や業務からトライアルを始めて，徐々に拡げていくアプローチをとる必要がある。前述のINGも同様のアプローチをとっており，グローバル企業の先行事例も大いに役に立つはずである。

　スピードを重視するとアジャイルへ移行することは避けられず，特に**デジタル化への対応を急ぐには，アジャイルが必須であると認識する必要がある**。そのような背景から，日本企業の場合，現在と大きく異なる文化の導入が必要と

なる手法をあえて自社に取り入れるという決断ができるかどうか，Atlassian
のように全社へその文化を浸透させる覚悟があるかどうかが問われることにな
る。

　日本企業にとって高いハードルになることは間違いないが，これを避けて通
るわけにはいかない状況の中，経営者（および文化の浸透をリードする管理職
層）の覚悟が試されている。

3 決める覚悟を持てるか

　アジャイルへの移行でもそうだが，意思決定スピードを上げる必要があると
いうことは，しかるべきタイミングでそれに関する意思決定を行わなければな
らないということである。何を当たり前のことを，と思うかもしれないが，日
本企業では題材を揃え，お膳立ても済んでいるにもかかわらず，最終的に決め
ない（Goがかからない）ということが往々にしてある。石橋を叩いても渡ら
ないという状況である。

❶ これまでの日本企業は先送り体質が強い

　日本人の気質だといわれればそれまでであるが，多くの日本企業で結論の先
送り，意思決定の先送りが頻繁に行われてきた。英断をする経営者もいるが，
巨大化した企業ほど意思決定に時間がかかり，議論が空転したり政治的決着が
行われたりする等，おおよそ理想から外れた経営が行われる傾向が強い。

　意思決定のプロセスや権限と責任が曖昧であることが原因である企業がある
一方で，自分の任期で大きな決断をしたくない（失敗したくない）という極め
て個人的な思いでそうなっているケースもある。いずれにせよ，本来決定すべ
きタイミングで決定されないことに変わりなく，最悪の場合，マーケットの変
化に追随できずに競争力を失うことになる。

　このような先送りの体質は，検討のアプローチにも原因がある。先に述べた
とおり，日本企業は海外企業の事例から学ぶ文化に乏しい。代わりに，同業他

社が同じ取組みをしているかどうか，日本企業の事例があるかどうかという点に異常にこだわる傾向がある。他社がまだなら自社も見送っていて大丈夫だろう，最大手の企業がやっていなければ大丈夫だろう，といった判断がまかり通っている。お互いがそのような発想を持っているため，それぞれが様子を見合っている間に，海外企業との差が広がっていく。

　かといって，他社が失敗した例に関しては，自社でなくてほっとすることはあっても，自社で同じようなことが起こっていないか，対策は十分かといった形で参考にすることは少ない。複数の企業で次々と検査結果の改ざんが行われていたことが発覚したケースを見ると，非常に日本企業らしい不祥事だと感じざるを得ない。何かをその場で決断するということができず，議題には上がるものの具体的なアクションには移されないという体質が根強いということである。

❷　経営者が覚悟を持って決めることができるか

　これらの問題が起きるのは，ひとえに経営者が覚悟を持って意思決定をしていないことに尽きる。そして，現場で業務を遂行している人，管理職の人がそれぞれその現場で責任を持って意思決定をタイムリーに行ってこなかったことが原因であり，企業全体に覚悟を持って意思決定をする文化がないため，問題が先送りされても許される雰囲気が蔓延しているのである。

　当然，職位が上になるほどその責任は重くなり，その意思決定が企業に与える影響も大きくなる。そのため慎重になったり，検討する時間がかかったりすることがあるのは理解できる。しかし，多くのケースでは，責任が重くなったからというよりは，面倒なことを後に回す，誰かが代わりに判断するだろうといった無責任さが先に立っている。

　デジタル時代のデータドリブン経営の実現には，企業文化を含む大きな変革が必要であることはすでに述べたとおりである。そのような大きな変革を進めるうえで，**経営者が先送り体質のままでは環境変化のスピードに追いつくことはできない**。また，変革を企業全体に行き渡らせるためにも，**経営者が覚悟を**

持って決めることができるかどうかが**最重要事項**といっても過言ではない。

❸ 失敗を怖れないための即断即決

　経営者が覚悟を持って決め，同様に企業内のそれぞれのレベルでの意思決定も覚悟を持って決めきる。そんなことが実現できるのかと疑問に思う人も多いだろう。しかし，これは，できる，できないの問題ではなく，やらないといけない（グローバル競争に生き残れない）ことである。どうしても日本の企業は失敗を怖れる傾向があり，企業によっては一度の失敗で出世のチャンスが奪われるといったこともある。失敗しないでおこうとすれば，冒険しない選択肢を選ぶ。失敗しても挽回のチャンスがある（転職を含めて）海外の企業と比べると，文化の違いは大きい。

　しかし，デジタルの世界はアジャイルに代表されるように，失敗をしながら最終形に近づけていき，いち早く市場を形成する世界である。いうならば，**即断即決が求められる世界**である。**日本企業はこの即断即決の文化を浸透させていく勇気を持たなければならない。**日本人は，すぐに決めることを考慮が足りない，浅はかだという理由で避ける傾向が強いが，ここではそれを逆手にとって，その場で決めたことだから少々間違っていてもしょうがないという気持ちで始めてみるのがいいのではないだろうか。失敗してもすぐに直せるだけの時間はあるし，成功すれば儲けものというスタンスでまず取組みをスタートさせるべきである。

❹ 現場から変えることもできる

　ここまで意思決定者が変わらなければならないということを中心に見てきたが，上位者（意思決定者）が変わる可能性が低いので自分たちではどうしようもないと感じる人もいるかもしれない。多くの日本企業では上意下達の精神が強く，上が決めれば動くが，決めないとずっと停滞するといった傾向が海外企業よりも強いかもしれない。一方で，管理職ポストが多い深いツリー型の組織構造を取りがちな日本企業では，アジャイルを採用するような小規模オペレー

ションではそれほど上位者の意思決定を必要としない。具体的には，主任や係長のレベルで意思決定できるものがほとんどであるため，主任レベルが変われば劇的にオペレーションのスピードが改善する可能性が高い。

これは，日本ならではの意識改革といえる。ボトムアップで業務を作り上げてきた日本企業は，現場が変わって結果を残せば，管理職はそれを推奨する方向へと動く。先送り体質が強く，変化に対する決断が苦手な管理職ほど，結果が出ていることに対しては現場のやり方を支持する傾向がある。

❺ 第一歩を踏み出し，小さな成功を積み上げる

意思決定のスピードを速めるということは，これまでのやり方を変えることに直結することもあるだけに，勇気のいる決断が必要となる。できれば先送りにしたい経営者や管理職もいるだろうが，ビジネス環境がそれを許してくれない状況にある。まずは**勇気を持って，小さくていいので始めてみるという第一歩を踏み出すことが先決**である。

そもそものアジャイルの考え方が，不確実性に対してリスクを最小化する手法である以上，**失敗することを前提**としている。失敗を恐れずに一歩を踏み出し，その中で得ることができた小さな成功を積み上げていくことが重要なポイントとなる。海外の成功事例を見ても，CEOの鶴の一声でガラッと変わったというものではなく，長い年月を経て企業文化を変革している。一歩目が踏み出せなければ成功も失敗もないのだから，危機感を少しでも感じているなら始めてみるというスタンスが重要となろう。

4 フレームワークを作れるか

経営者が覚悟を持ち，企業内にその機運が浸透し始めたとしても，大企業になればなるほどデータドリブン経営は軌道に乗らない。これは，意思決定のレベルや方向性，その後のアクションが起こるまでの時間にバラツキが生じるからである。

このバラツキは，個人の能力もさることながら，経験に基づく部分も大きい。同じような意思決定の機会に以前に遭遇していれば，その経験を応用して次のアクションを早期に起こすことが可能である。一方で，経験がなく，さまざまな検証を行う時間が必要な場合，自ずとアクションまでの時間が延びてしまう。企業全体のスピードを上げるためには，そういった**気付きや経験を共有すること，フレームワークを構築すること**が必要になる。

❶ 米国の現在の覇権は「学んだから」

前述のように，米国が現在世界の覇権を握っているのは，苦しい時代に日本の成功モデルを研究し，そこからの学びをフレームワークとして抽象化し，さまざまな業種の企業がそれを取り入れたからである。おそらく，米国も日本の成功モデルを研究するまでにはさまざまな葛藤があっただろう。実際，そんなことをしなくてもアメリカは強い，という主張をした学者は多かった。それでも，目の前の状況から敗北を認め，学ぶことから始めたのである。

一方で，日本は自分たちで確立した成功モデルに固執し，その後の米国復権の経済情勢の中でその変化に対応できず，競争優位の源泉であった工業生産の分野で他国にシェアを奪われる結果となった。これは，学ぶことをしなかったという点とともに，**戦略を理論として企業経営者が理解していなかった**ということにほかならない。自らの競争優位が何か，マーケットでどういう立ち位置を確保することで成長を維持するのかといった，今では当たり前に考えることを**体系立てて（フレームワークとして）使うことができなかった**ことが原因である。

❷ フレームワークの活用に長けた米国から学ぶこと

⬤ そのまま取り入れる部分とアレンジする部分を分ける

まさに今，日本企業は学ぶべき時である。ただし，ここでも米国との違いを知ったうえで学ぶ必要があることを忘れてはならない。日本企業は，他社事例をそっくりそのまま真似ようとする傾向が強い。同じ日本の同業他社の事例を

真似ることが多いため，大きな違いをこれまで感じることがなかったのかもしれないが，グローバル企業の例を踏まえると，環境が違うのでうまくいかないことが予想される。

　米国も，そのまま日本の事例を取り入れたわけではない。生産設備も違えば，熟練工の数も違うだろう。真似るにあたって，メンタリティに関わるところまで改革する必要があるかどうかといった細かなところまで考えたうえで，必要なものを取り入れたのである。どんな米国企業でも，同じにしなくてはならない部分，米国流にアレンジを加えなくてはならない部分を切り分けた後，フレームワークとして共通で取り入れるべき手法，考え方を米国流にまとめ上げ，広く使える理論として普及させたのである。

● 本当に自社に根ざしたデジタル化を考える

　日本も，デジタルトランスフォーメーションに関しては，以前の米国と同じような手法をとるべきである。**グローバル企業の先進事例をそのまま取り入れるようなことは避けなくてはならない。**

　シリコンバレーのやり方を真似ることに躍起になっている企業には，本当に自社に根ざした（日本企業に適した）デジタル化は実現できないだろう。グローバルの成功事例から日本企業も共通して取り入れるべき点をフレームワークとして整理し，それ以外のピースについては自社の強みが最も発揮できる，あるいは自社の現時点での環境に最も適合しやすいものを選択するといった改革の進め方を考えていく必要がある（**図表4-5**）。特に日本企業はボトムアップの傾向が強いため，トップダウンの欧米スタイルの中で受け入れられるものと，そうでないものを見極め，ボトムから始められる施策から実行に移すといった工夫が必要である。

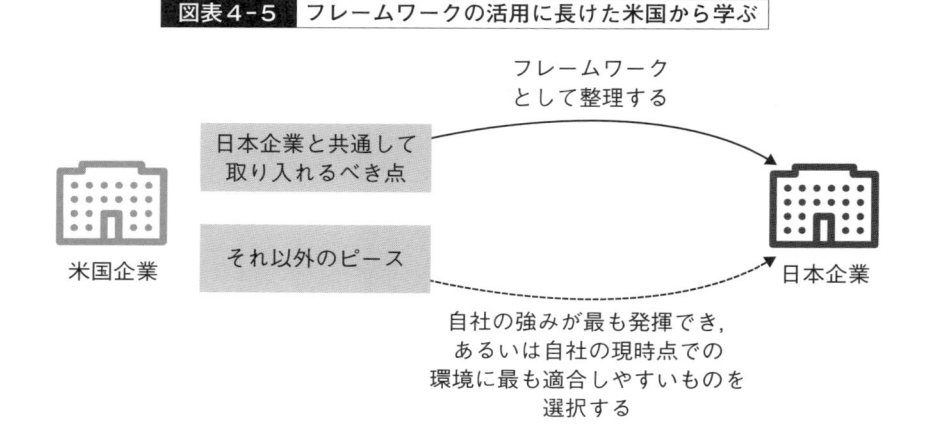

図表4-5 フレームワークの活用に長けた米国から学ぶ

フレームワーク
として整理する

日本企業と共通して
取り入れるべき点

それ以外のピース

米国企業

日本企業

自社の強みが最も発揮でき，
あるいは自社の現時点での
環境に最も適合しやすいものを
選択する

❸ 企業特有のフレームワークが競争力回復の鍵

　企業文化の変革が必要だということに触れたが，海外企業の企業文化に完全に合わせればいいといっているのではない。フィロソフィーからすべて真似ることは不可能であるし，自社の企業文化でよいものはしっかりと競争優位の基盤として活用すべきである。**時代に合わせなくてはならない部分だけを変える**必要があるのであって，それ以外のところまで無理をして変える必要はない。

　その意味から，**フレームワークも自社で汎用的に使えるものであればよく，他国の企業でも汎用的に使えるレベルにまで昇華させる必要はない。**企業内で共通的に語る必要がない（文化として浸透している）部分については所与のものとして，デジタルトランスフォーメーション推進のための手法やデータドリブン経営におけるデータの分析手法等をフレームワークとして整理し，自社内に広く公開していくことが鍵となる。

5 チェンジマネジメント

　ここまで，デジタル時代を日本企業が何に留意して乗り切っていく必要があ

るのかについてまとめてきた。日本企業に足りないものは技術力や人材ではなく，デジタルトランスフォーメーションを実行するにあたってのチャレンジャーとしての姿勢であったり，学ぶということであったり，そもそもの企業文化を時代に合わせて変革するということであった。つまり，**意識改革（チェンジマネジメント）に関わる領域での対応が求められている**ことがわかる。

　そこで，今一度この観点から，日本企業に求められるチェンジマネジメントの領域とその方向性について整理してみよう。

❶　企業文化を変革する

　最も難しい部分ともいえるが，デジタル化に向けて，**変化に追随するためスピードを最優先する，先送りをやめて即断即決の文化を築く**，といったところが最優先変革ポイントとなる。

　グローバルの事例を見ても，デジタルの世界はこれまでとは異なっている部分が多く，これまでのやり方や考え方で対応するには無理があるのは明確である。成功事例では，時代に合わせた企業文化の変革をデジタル化の施策とともに進めることで，デジタルトランスフォーメーションを実現に導いている。

　デジタル化に向けて変革すべき方向性は，残念ながら，これまでの日本企業が進めてきた経営の方向性と相反するものが少なくない。スピードを最優先する，アジャイルへ移行する等は，これまでの日本企業の方向性では，なかなか進まなかった実情がある。しかし，全社を挙げてこの部分のチェンジマネジメントを実現させないとグローバル競争に参加できない状況にある以上，敗者の状態からの復活を狙って変革を推進しなくてはならない。トップダウンでの企業変革が理想的だが，それが無理な環境であれば，**ボトムアップからの成功体験積み上げ**という日本企業ならではの意識改革から始めることも手段の１つである。本当の**トップダウンが駄目なら，ミドルダウン**（中間管理職層からの出発）ともいうべきやり方も考えられる。自社にとって最も適切な意識改革の形を模索していかなくてはならない。

　繰り返しになるが，よい文化まで変えてしまう必要はない。デジタル時代に

おいて必要な変革に絞って実現していけばよい。デジタル技術への対応やデータドリブン経営の実践，先を見越した戦略策定，そして環境の変化に追随できる意思決定スピード。これらを実現するために，改革が必要な部分に絞った企業文化の変革を推進しなくてはならない。

❷　失敗を許容する組織へ

　企業文化の変革にも関連するが，失敗をすることがゴールに到達する近道になるという考え方を取り入れられる組織に変えていく必要がある。意思決定スピードを速めることにどんな意味があるのかという点で述べたことと同じで，人は失敗をするものであり，その失敗に早く気付き，早くリカバリーを行うことで，企業経営に大きなマイナスの影響を与えることを回避することが重要なポイントである。失敗しないということばかりにこだわるのではなく，**失敗を許容し，その後のリカバリーをいかに速くできるかにこだわる文化に変えていかなくてはならない。**

　また，失敗の可能性を少なくするためには，データドリブン経営におけるデータの多様性やさまざまな分析による客観性の担保といった部分が重要になってくる。失敗の可能性を少なくする努力はこれまでと同様に続けるが，失敗することへの恐怖感を取り除き，意思決定やアクションのスピードを速くすることに転換していけるような意識改革が，チェンジマネジメント上重要である。

　特にアジャイルの導入が必須になってくるため，プロセスが失敗することを前提としたものに変わってくる。PoCも途中で頓挫するものが多く発生して当たり前なのだが，PoCで思ったような成果を上げられなかったときに失敗を認めることを恐れ，だましだまし本番に突入して大きな失敗につながってしまうようなケースは，失敗を許容する組織になっていなければ頻発することになる。さまざまな部分でスピードが速くなるということは，それだけ失敗やミスが多くなることを示唆していると考え，そんな中どう行動を変えていけばいいのかを**自ら試行錯誤する，まずアクションを起こしてみる，**という組織風土にでき

るかどうかが成功の鍵である。

　PoCを行うというデジタルの世界では当たり前ともいうべき文化も，今の日本企業では始まったばかりである。草の根活動ともいうべき小さなPoCを継続・展開し，**現場から徐々に文化を変えていくことが日本企業にとって有効なスタイル**となろう。語弊を恐れずにいうと，どんどん失敗していくことが成功への第一歩である。

❸　学ぶ組織への回帰

　チェンジマネジメントの最後に挙げておく事項は，学ぶ組織になるということである。多くの日本企業は学ぶ組織であると自らを評価していることだと思うが，客観的に見たときに本当にそうなのだろうか。新たな技術が出てきたときに，その内容を研究するということだけが学びではない。その意味では，研究開発を進めたり，デジタル化に関してもデジタル組織を起ち上げたり，多くの日本企業がその対応を自ら進めてきている。

　しかし，ここでいう「学ぶ組織へ」というものは，自分の負けを素直に認めて，勝者から学ぶということである。ここまでで米国の例を挙げたように，負けを認めて強い勝者のことを徹底的に学ぶという姿勢がなければ，うわべだけを真似するような結果に陥りかねない。そこに本質はないはずである。

　日本企業もかつて勝者を愚直に研究する組織であった。戦後の復興から高度経済成長に至るまで，日本独自で築いてきたものはそこまで多くなく，欧米の近代化に学びながら自分たちなりの発展を志向してきたのである。いつしか，多くの日本企業は，学ぶことに本気で取り組むことがなくなってきた。デジタル化という大きな時代の変化がやってきた今，**再度学ぶ組織へ回帰することこそ，日本企業が再度世界を席巻する第一歩になる**のではないだろうか。それは，経営者だけでなく，ミドル層，現場を含むすべての階層で共通である。

　本章では，日本企業がデジタル化の波の中，どのようにこの時代を乗り越えていかなくてはならないのか，どう変わる必要があるのかという点について触

れてきた。特に，企業文化にまで影響が及んでいる現実は，多くの日本企業に
とって高いハードルになっている。グローバルの成功事例からも，企業文化を
時代に追随させていく（つまり，デジタル化に適した文化に変えていく）こと
が重要であることが見て取れる。経営者だけでなく，企業全体がデジタルトラ
ンスフォーメーションの達成に向けてアクションを起こすことができるのか，
その真価が問われているのである。

　客観的に見て日本企業には厳しい戦いが待っているが，学ぶべき相手は存在
している。真摯に向き合い，新たな時代に合った日本企業の文化を創り上げる
ことができれば，再度グローバル競争のトップ争いに多くの日本企業が参画で
きることだろう。

　次章では，ここまでに見てきたポイントを前提として，具体的な仕組みとし
てのデータドリブン経営，デジタル化を実現する情報システムについて解説を
加える。

第 5 章

データドリブン経営を支える仕組みの作り方

　本章では，デジタル時代のデータドリブン経営実現に必要な仕組み作りについて触れていく。仕組みとしては，プロセスの側面と情報システムの側面という2つのことを考慮する必要がある。仕組み自体は，これまでに各企業が確立してきたものを時代に合わせてアレンジする，あるいは追加するということがメインになる。ただし，情報システムに関しては現状の仕組みでは対応できないケースもあるため，特に留意する必要がある。

1 マネジメントプロセスの再構築

　ここでマネジメントプロセスといっているのは，現在どの企業も回している であろうPDCAサイクルのことを指している。経営管理のプロセスは企業に よって違いがあるものの，少なくとも月次で業績管理は行っているので，その 際に何らかの情報と比較をして実績結果を判断し，次のアクションにつなげて いく経営管理プロセスは共通である。

　うまく数字を捉えられていない，分析結果が活用できていない，具体的なア クションにつながっていない，といった声が多くの日本企業から聞こえてくる。 しかし，この問題そのものは，プロセスに起因していないものがほとんどであ る。原因は，データを読み解く力，意思決定の内容（深さ，素早さ等），指示 を出しても動かない文化といった，経営管理プロセスではない部分に潜んでい ることが多い。

　そのような状況の中，PDCAサイクルではなく，昨今OODAループというも のが着目されてきている。根本的な部分が変わるわけではないが，不確実性の 高い事象に対する意思決定という部分に着目している点と，企業文化を変える きっかけになりうるという点で，データドリブン経営との連携を考えてみよう。

❶　データドリブン経営におけるOODAループ

　データドリブン経営では，データを使って意思決定をする以上，**何のデータ を見て，どんな意思決定をするのかという点が非常に重要**になる。そのデータ が特定されたうえで，そのデータをもとにどういった判断を行い，どういった 経営を実践するのかを定義することになる。

● 意思決定に必要なデータの定義
[データを特定する意味]

　データドリブン経営は経営管理の一形態であり，デジタル時代においては

2000年代初めのデータドリブン経営とは，さまざまなデータを駆使するところに違いがある。つまり，以前よりもデータの種類が増えていることによって，意思決定の精度を上げるために多くのデータを活用できる一方，意思決定のためにどんなデータを用いるべきかを特定することが大変になっている。

　データドリブン経営の本質が経営戦略の実行にあることはすでに述べたが，データの観点からすると，経営戦略の実行を推進するために常に見ておくべきデータとは何かを特定しなくては，戦略の進捗具合がどうなっているのか，あるいは戦略そのものが正しかったのかどうか等を把握することができない。したがって，企業戦略において，また，それぞれのオペレーションレベルの戦略において，何を実現したいのか，その**実現度合いや次のアクションを決めるために必要なデータが何なのかを最初に定義する必要がある**。

　この定義は企業によって異なってくる。戦略がそもそも異なることと，それぞれの企業が積み上げてきたフレームワークが異なるからである。

［階層ごとの定義例］

　ここでは，経営層，ミドル層，オペレーション層の階層ごとに必要データの定義例を参考までに紹介しておこう。

　経営層の場合は，企業戦略（経営戦略）そのものを意思決定するためのデータとなる。例えば，その企業がある製品・サービスでマーケットシェアトップを取りにいく戦略をとろうと考えている場合，その戦略実行にあたって必要になるデータを特定することになる。結果の指標としては，マーケットシェアの数値が必要になり，グローバルのシェアでトップに立つということを目指すなら，グローバルリージョン（欧州，アジアパシフィック等）ごとのシェア，その中の各国シェア，重点的に開拓するマーケットであればさらにその国の地域でのシェアというデータが必要である。また，そのトレンドも必要になるので，過去数年分のデータと比較できるようにしなくてはならない。

　マーケット分析を進めるにあたっては，顧客層のデータが必要になろう。コンシューマー向け製品・サービスを展開している企業なら，年齢別，性別，

チャネル別，新規・既存別，等のシェアや成長率といったデータが必要である。また，競合他社のデータもあわせて必要になる。

　それらの情報とSNS等のソーシャルデータを組み合わせて次のアクションを決めていくことも想定されるだろう。本来なら別の側面も含めて，さらなるデータの特定を行っていくことになるだろうが，マーケットシェアに関わる意思決定に必要なデータだけでも，これだけ多くのデータが紐付けられて定義される（**図表5-1**）。

図表5-1　経営層の必要データ

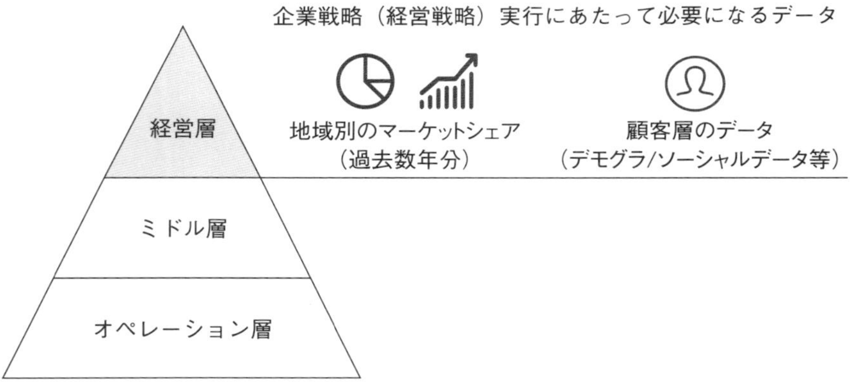

企業戦略（経営戦略）実行にあたって必要になるデータ

経営層　地域別のマーケットシェア（過去数年分）　顧客層のデータ（デモグラ/ソーシャルデータ等）

ミドル層

オペレーション層

　ミドル層の場合はどうだろうか。例えば，このミドル層が実現しなくてはならない戦略の1つが製品品質であったとすると，各工場の品質関連データ，具体的には工場別の歩留率，ライン別の歩留率，各種原価差異，品質試験結果の情報，リードタイムの情報，センサーの異常検知の情報等々のさまざまな関連データが定義される。工場が世界に散らばっている場合は，それらのデータを世界中から収集しなければならない。

　また，外注が多い場合には，協力会社の品質データの取得も必要になる。さらに，IoT化が進んでいる場合にはセンサーのデータが示唆を与えてくれるだろうし，これからIoT化に取り組むことが戦略上重要であれば，その普及率等のデータが必要になる（**図表5-2**）。

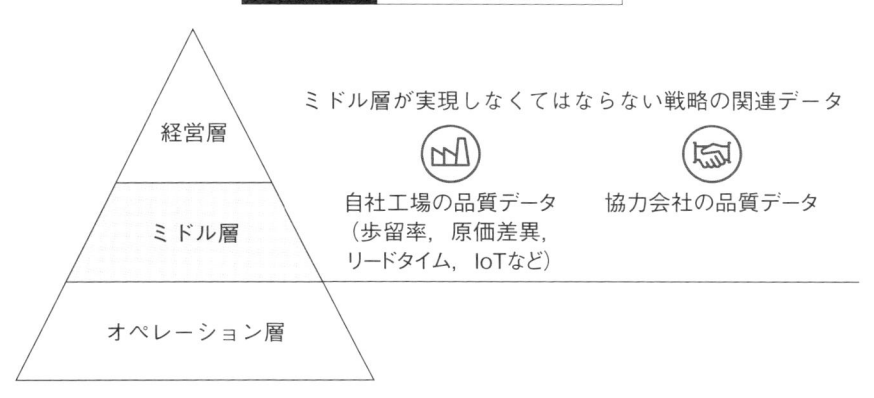

図表5-2　ミドル層の必要データ

ミドル層が実現しなくてはならない戦略の関連データ

自社工場の品質データ　　　協力会社の品質データ
（歩留率，原価差異，
リードタイム，IoTなど）

経営層

ミドル層

オペレーション層

　では，オペレーション層を見てみよう。例えば，営業部門の担当が戦略上，重要な要素として顧客への価格提示3時間以内という施策があったとすると，それを実現するためのデータが必要になる。製品のリアルタイム在庫情報，原価情報，マージンの計算，販売手数料の計算，納期情報等々が挙げられるだろう。

　もちろん，グローバルに在庫をコントロールできている企業だと，単に営業倉庫の在庫だけでなく，工場在庫や船上在庫，生産計画から導かれる予想在庫に至るまでを情報として得て，その場で意思決定できるようになる必要がある（**図表5-3**）。

図表5-3　オペレーション層の必要データ

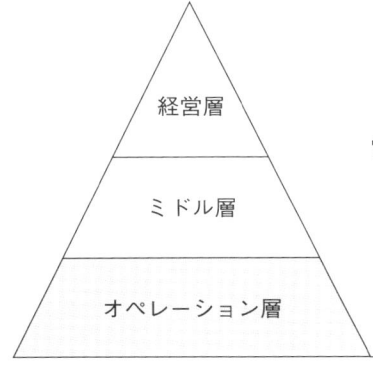

経営層

ミドル層

オペレーション層

営業部門の担当が，戦略上，重要な要素となる
具体的な施策を実現するためのデータ

リアルタイムの製品情報
（在庫，原価，マージン，販売手数料，納期など）

⬤ データを取得できることがデータドリブン経営の前提になる

　ここまでで見たように，**各階層で実行すべき戦略が異なるため，必要なデータも大きく異なっている**。また，デジタル化が進み，さまざまなデータを取得できるようになったことで，理想的な意思決定により近付くことが可能になったともいえ，1つの戦略を実行するために用いるデータの種類や量も非常に多くなっていることがわかる。

　そこまで見なくてもよいのではないか，という声もあるだろう。しかし，ビジネス環境の変化に追随することに鑑みると，少しでも精度を上げて意思決定をしていくことが重要であることに疑いはないだろう。となると，非常に大変な作業にはなるが，自社の戦略を実行するために必要なデータを階層（戦略）ごとに定義し，データを取得する手立てを講じなくてはならない。それらの**データを取得できる前提で，経営管理プロセスを回すことによってデータドリブン経営を実現することができる**のである。

⬤ OODAループ
[OODAループとは]

　では，定義済みのデータが取得できる前提で，どういった意思決定プロセスを回していく必要があるのだろうか。昨今着目されているのは，ここで紹介するOODAループである。

　経営管理プロセスについては，これまで長年，PDCAサイクル（Plan-Do-Check-Action）が公用語として使われてきた。デジタル時代においては，新たな意思決定プロセスとしてOODAループが着目されている。

　このOODAループは，アメリカ空軍に所属する軍事戦略課のジョン・ボイド氏が提唱した理論である。もともとは軍事上の意思決定，特に指揮官クラスの意思決定に用いられてきたプロセスであるが，昨今は個人や経営にも用いられている。企業経営上の手法が軍事関連に由来することは多いが，特にこのOODAループは指揮官の意思決定のスピードをいかに上げられるかに着目している。戦場では，その意思決定の速さおよびそれに伴う行動の速さが，刻一

刻と変わる戦況への対応において最も重要であるという考え方に基づいている。

　OODAループは4つのステップに分かれており，それぞれの頭文字を取ってOODAと名付けられている（**図表5-4**）。

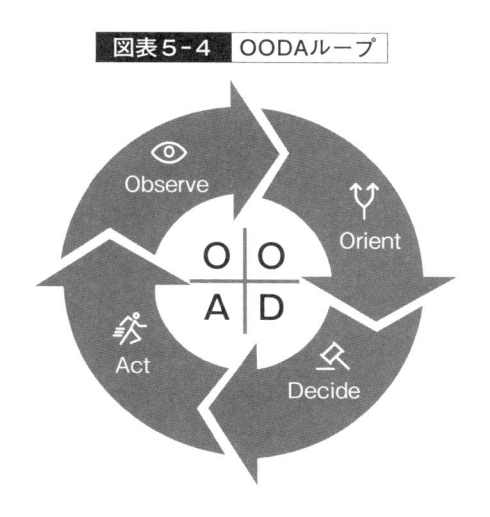

図表5-4　OODAループ

［観察（Observe）］

　最初のステップが観察である。これは，戦況をよく見るということを意味しているが，企業経営上の解釈としては，状況を知るための**情報収集や見える化**といったところがこのステップに当てはまると考えられる。単に観察と捉えると，眺めているだけというイメージになってしまうが，次のステップである状況判断へとつなげるためのものであり，一から見るという意味ではないと解釈すべきであろう。

　すでに見てきたこと（情報として持っているもの）と，周りの環境変化等で変化したものの双方を見渡し，**次のステップ（状況判断）に進むのに十分な情報が集まっているかどうかを見極めるステップ**といえる（図表5-5）。

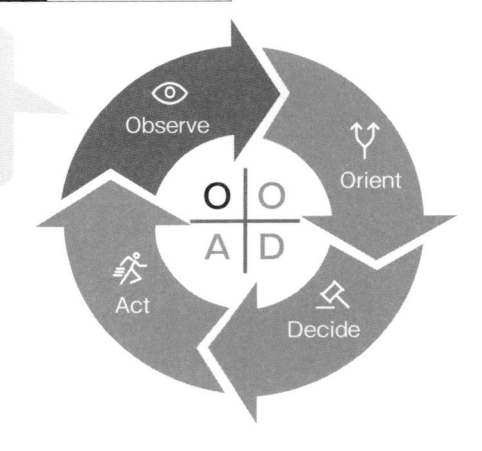

図表5-5　観察（Observe）

観察（Observe）：
• 戦況をよく見る
• 状況を知るための
　情報収集や見える化をする

[状況判断（Orient）]

　次のステップは状況判断である。観察のステップで収集された情報を，次の意思決定につなげるべく，**現在の状況（情勢）を正しく認識し，意思決定のための仮説を構築する段階**となる。**OODAループの中で最も重要なプロセス**とされており，状況を正しく認識するためには以下の観点が必要とされている。

- 文化的伝統（Cultural Tradition）
- 過去の経験（Previous Experience）
- 新しい情報（New Information）
- 遺伝的資質（Genetic Heritage）
- 分析・統合（Analysis & Synthesis）

　もともと軍事戦略の中で使われてきたこともあって，ここの観点を文字どおり受け取ってビジネスに活かすのは適切ではない可能性があるが，国や企業の歴史や個別企業が持つ資質も勘案して状況判断を行うという点で，意思決定をするための基本要件を整理している段階といえよう。

　ここでは多面的に収集された情報を吟味し，その中から次の行動に向けてどういった仮説を構築することができるのかを見極めることが重要なポイントと

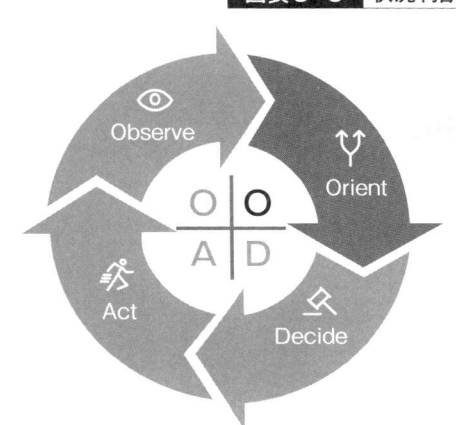

図表5-6　状況判断（Orient）

状況判断（Orient）：
- 収集された情報を意思決定につなげ，現在の状況（情勢）を正しく認識する
- 意思決定のための仮説を構築する

なる。正しい仮説にたどり着くためにも，**正しく情報を読み解き，状況判断できるかどうかが問われるステップ**である（図表5-6）。

[意思決定（Decide）]

　3番目のステップが意思決定である。その名のとおり，このステップでは進むべき方向を意思決定することになる。

　状況判断の中で，総合的に分析するといくつかの仮説に行き着くことになるが，その中から現在自ら選択すべきだと考えられる施策を決定するというプロセスになる。**大きな意思決定の場合は，ここでアクションプランに落とし込む作業も発生する。**

　状況判断からの仮説がしっかりとできていれば，意思決定そのものはそれほど難しいものでもないし，時間がかかることもないと考えられる。その意味からも，状況判断（Orient）のステップが非常に重要だということがわかる（**図表5-7**）。

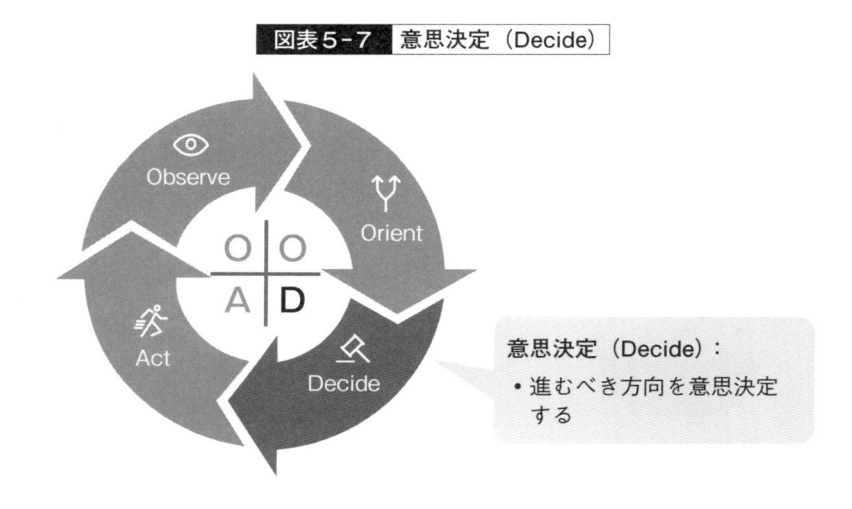

図表5-7 意思決定（Decide）

意思決定（Decide）:
・進むべき方向を意思決定する

［実行（Act）］

　意思決定のステップで採択された施策を実行に移すステップとなる。この段階で一連のプロセスは完了する。

● PDCAサイクルとの違い

　PDCAサイクルの場合は，最後のActionの後に最初のPlanに戻ってサイクルを繰り返すことになり，このPDCAサイクルをいかに高速に回すか，あるいはPをForecast（予測）に置き換えて高速に回すことを志向する。しかし，OODAループは，このサイクルを回すということを想定しているわけではなく，情勢の変化に応じて再びOODAループの最初である観察から始め，新たな意思決定をするということを志向する。

　その意味からPDCAサイクルとOODAループは同じものではなく，**OODAループのほうが変化に追随する，より柔軟性を意識した速い意思決定を志向したものである。一方でPDCAサイクルは，ある程度ルーティン化されているもの（変化が少ないもの）の精度を上げることに適したもの**といえる。

　デジタル時代のデータドリブン経営という文脈では，変化が激しい環境を想

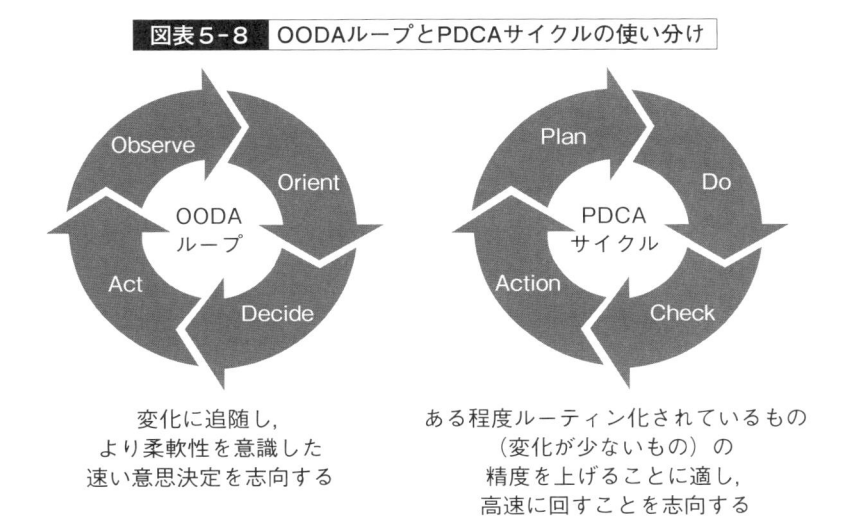

図表5-8　OODAループとPDCAサイクルの使い分け

変化に追随し，
より柔軟性を意識した
速い意思決定を志向する

ある程度ルーティン化されているもの
（変化が少ないもの）の
精度を上げることに適し，
高速に回すことを志向する

定しているという点から，OODAループが適している場面が多く出てくると想定される。すべての意思決定をOODAループで行うということではなく，不確実性の高い意思決定事項に対してOODAループのアプローチ，それ以外は従来のPDCAサイクルといった使い分けが今後必要になることに留意すべきである（図表5-8）。

アジャイルと親和的

　このようなOODAループを活用したデータドリブン経営において，意思決定（Decide）のステップ以上に重要となるのは，状況判断（Orient）のステップである。そのための準備として，必要なデータの定義をしっかりと行えていれば，観察（Observe）のステップを短時間で終えられるため，環境の変化に対してすぐに状況判断（Orient）のステップ（最も重要なステップ）に時間をかけることが可能になる。その意味から，データドリブン経営では，**戦略と戦略から導かれる必要なデータの定義が非常に重要なプロセスとなる**（図表5-9）。

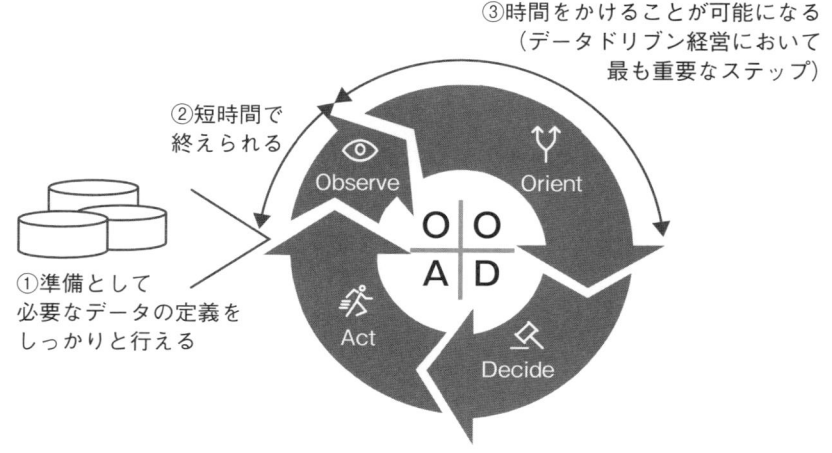

図表5-9　必要なデータの定義の重要性

③時間をかけることが可能になる
（データドリブン経営において
最も重要なステップ）

②短時間で
終えられる

Observe　Orient

O O
A D

Act　Decide

①準備として
必要なデータの定義を
しっかりと行える

データドリブン経営では戦略と戦略から導かれる
必要なデータの定義が非常に重要なプロセスとなる

　もう1つ，OODAループの特徴に触れておこう。変化に対して柔軟に対応することを主目的とする意思決定プロセスであるため，アジャイルを基本とする**デジタルトランスフォーメーションと親和性が高い**と考えられている。行動（Act）のプロセスでうまくいかなかった場合に，すぐに状況判断のステップに進んで，別の意思決定，行動へ移すことが推奨されるOODAループとアジャイルの考え方に親和性があるためである。

　前述したが，データドリブン経営で求められるのは，戦略の実行である。このため，その実現に向けて環境変化が激しいと予想される意思決定およびアクションについてはOODAループを，より精度を高めてレベルを上げるアクションについてはPDCAサイクル，と使い分けていく手腕が問われることになる。

❷　意思決定をするために必要なスキル

　データドリブン経営において，今後OODAループの重要性が増してくるこ

とになるが，その中で特に重要な**状況判断（Orient）のステップで正確に状況を判断できるかどうかが成否を分けるポイント**となる。もちろん，デジタルトランスフォーメーションにおいて，アジャイルに物事を進めていくことによって，状況判断を誤っていたとしてもすぐに軌道修正をすることは可能である。しかし，たとえ短時間だったとしても手戻りを避け，少しでも戦略の実行を確実かつ速く達成することは企業経営上重要である。

では，そのために経営層，ミドル層，オペレーション層の意思決定者に求められるスキルとは何だろうか。そのスキルを意思決定者が有するかどうかで競争力が左右されることを認識したうえで，そのスキルを企業内でどう育成していくかが重要になる。

求められるスキルとしてはさまざまなものが想定されるが，これまでに多くの日本企業で対応ができていない分野に絞ってここでは列挙しておこう。

● データ分析力（データを読み解く力）

データ分析については，かつてから課題に感じている日本企業が多かったが，分析そのものの内容に関する議論ではなく，そういったスキルを備えた人材がいないという点がクローズアップされていた傾向が強い。データサイエンティストという職種が注目され，自社に多くのデータサイエンティストを確保しようと動く企業が増えたことにも，その関心の強さが窺える。第1章で指摘したように，データサイエンティストという職種が正しく理解されているわけではないため，ここで意思決定に必要なデータ分析能力，データを読み解く力がどういったものかを明確にしておく必要がある。

データドリブン経営における意思決定時に必要となるデータ分析力は，簡単にいうと，出揃ったデータの意味がわかることである。**高度な分析能力が必要というわけではなく，もともと定義されたデータの数字を見て，その意味を理解できるというレベルの力**である。

実際にこの能力が必要になるのは，PDCAサイクルであればPlanを策定する際にリサーチ結果を見るとき，もしくはActionの後の結果データを見て，Plan

を変更すべきかどうかを判断するとき，ということになる。例えば，歩留まりが向上していれば生産計画を上方修正することを検討することになるが，その歩留まりが向上しているかどうか，そして何が改善されて向上したのか，例えばラインの配置を変更して改善してから1か月間安定した歩留まり向上が見られるといったデータを見て，上方修正に踏み切るということになる。ここでいう歩留まり改善のデータがわかるか，1か月安定している（なので大丈夫だ）というデータを読めるかどうかが求められているということである（**図表5-10**）。決して難しいことではなく，しっかりとフレームワークとして周知されていれば，多くの担当者が自ら意思決定することが可能になるはずである。

こういったデータを読み解く力が必要になるのは，前述のPDCAサイクルにおけるPlanのステップに合わせて，Checkのステップ，OODAループにおける状況判断（Orient）と意思決定（Decide）のステップになり，求められるスキルは業務ごとに異なることはいうまでもない。意思決定で考慮する事項（デー

図表5-10 意思決定をするために必要なスキル：データ分析力

・歩留まりが向上しているか
・何が改善されて向上したのか

意思決定者

出揃ったデータ

工場を改善してから
1か月間のデータ

データを
分析する

結論

歩留まりが1か月安定している

上方修正を行う

タの種類）が多いケースだと，それだけ高度な分析力（読み解く力）が必要となる。当然，経営層の意思決定については複雑性が増すため，求められるスキルは高度なものになる。

● フレームワークの理解

　次に挙げるのはフレームワークの理解である。データ分析力の項で見たように，データを読み解く際にフレームワークを使うことが有効な手段となる。意思決定の精度を上げるためには，過去の成功事例，失敗事例等から導き出された，自社にとって普遍的に使われる枠組みや尺度といったものを使い，なるべく勘に頼らない意思決定を実現していくことが求められる。この枠組み（＝フレームワーク）をどれだけ多くのケースに対して用意できるかが企業にとって重要な要素となり，意思決定者にはそれらの多くのフレームワークを正しく理解していることが求められることになる（**図表5-11**）。

　フレームワークは，用意することが非常に難しい。なぜなら，それぞれの担当者が自分の業務の中で無意識にやっていること，独自の工夫としてやっていること等が多く，なかなか見える形に整備できないためである。また，それぞれの担当者がやっていることが正しいことなのか，修正すべきことなのかを客観的に見る人，いわゆるロールモデルとなる人を設定することも難しいということがあり，この作業は困難を極めることが少なくない。経営者が責任を持っ

図表5-11　意思決定をするために必要なスキル：フレームワークの理解

過去の
成功事例，
失敗事例

導き出す

フレーム
ワーク

自社にとって
普遍的に使われる
枠組みや尺度

多く，正しく
フレーム
ワークを
理解する

意思決定者

てそのようなロールモデルを指名して権限を与える，あるいは外部のコンサルタント等を使ってより客観的な分析結果によってフレームワークを構成する，といった手立てを講じていく必要がある。

　一方で，フレームワークとして確立されたものを理解するほうは，それほど難しいことではない。もちろん，理解できるだけの経験や基礎スキルは必要になるが，ある程度業務に精通していれば理解し，実践に移すことが可能になる。その意味で，意思決定者に求められるスキルはそれほど高いものではなく，むしろ**フレームワークを構築する役割の人に高いスキルが求められる**ということに留意が必要である。

⬤ デジタル／テクノロジーの理解
［有効なアクションへつなげるために必須］

　デジタル時代のデータドリブン経営における意思決定のためには，デジタル／テクノロジーの理解は必須となる。ただし，意思決定そのものができないという意味ではなく，意思決定の後に起こすアクションが有効なものにならない可能性があるためである。

　データを読み解き，次のアクションを決めるための意思決定は，データ分析力やフレームワークがあれば実行できるだろう。しかし，環境変化が激しく，かつさまざまな分野でデジタル化が進んでいる昨今の状況に鑑みると，アクションそのものがデジタル化を含む施策である可能性が高く，また有効な施策となりうる手段にテクノロジーが使われることは容易に予想される。また，アジャイルにスピード感を持って物事を進めていくにあたって，デジタル技術を用いることは最初に考慮するべき事項であるため，**有効なアクションを検討・選択するためにデジタル／テクノロジーの理解は必須だと考えられる**。

　そうなると，どこまで理解する必要があるのかというレベル感が問題になってくる。実は，ここが多くの日本企業にとって一番のハードルになると考えられる。単に言葉を知っているとか，事例を知っているというレベルでは厳しいということは理解しておく必要がある。

［システム開発やデータベース設計の経験が不可欠］

　多くの日本企業でデジタル化の対応を進めてきていることは疑いないが，その多くがPoC（Proof of Concept：概念実証）止まりであることはすでに述べたとおりである。このPoCがどんな意味を持ち，またスケールさせたときに技術的に実現可能かどうか，リスクはどれほどあるのか，といった点が総合的に判断できるだけのスキルを有していないと，本番適用へ突入するでもなく，二度と適用を考えないというわけでもなく，という中途半端な状況を生み出してしまう。必要なレベルとしては，この判断ができる程度の知見は有しているというレベルが求められる。

　どのような知見があれば判断できるのかについて，具体的な例を挙げておこう。ビデオ画像から人の顔を認識して，自社の職員かどうかを判断して自動ゲートが開く仕掛けを作って混雑を解消したいとする。その際に意思決定者が考えないといけないのは，

- 画像がどの程度の精度で認識されるのか
- 比べるための画像は人事システムから用意するのか，別に撮影するのか
- 職員でないと判断された場合にどういう対処が可能か
- 画像解析に関連するシステムパフォーマンスは大丈夫か
- 大量の画像データやログデータをどこに保存するのか
- サイバーリスクはないか
- システム構築にどれぐらいの時間がかかるか
- 費用対効果はどうなるか

といった点を，自ら考えて，その答えを吟味できるかどうかである。

　画像処理そのものの知識までは必要なく，データを突合するためのコーディングについても理解する必要はない。しかし，データのインプットおよびアウトプットがどうなっているのか，どのような判断基準を持ってインプットからアウトプットまでが論理的に流れるようになっているのか，といった点については，少なくともデータフローとともに理解できていなくてはならない（**図表5-12**）。

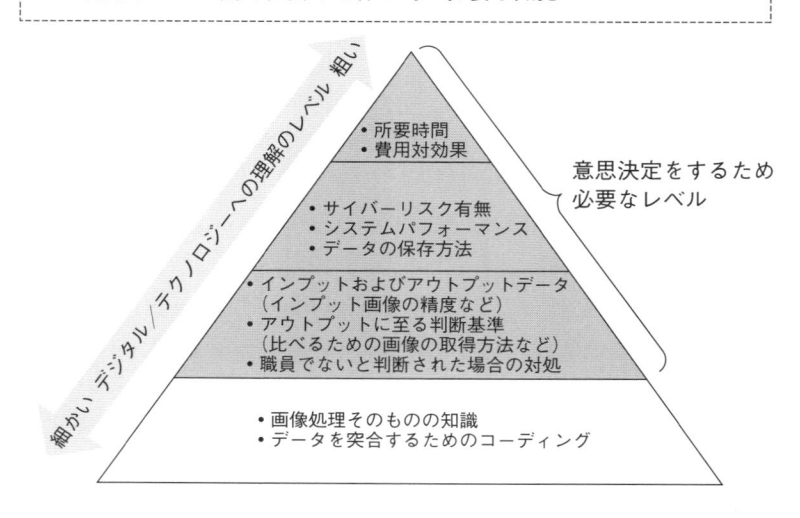

図表5-12　意思決定をするために必要なスキル：デジタル／テクノロジーへの理解

例：ビデオ画像から人の顔を認識し，自社の職員かどうかを判断して，自動ゲートが開く仕掛けを作る時に必要な知見

デジタル／テクノロジーへの理解のレベル　粗い

・所要時間
・費用対効果

・サイバーリスク有無
・システムパフォーマンス
・データの保存方法

・インプットおよびアウトプットデータ
（インプット画像の精度など）
・アウトプットに至る判断基準
（比べるための画像の取得方法など）
・職員でないと判断された場合の対処

・画像処理そのものの知識
・データを突合するためのコーディング

意思決定をするため必要なレベル

細かい

　このスキルを有した意思決定者を配置することが，多くの日本企業にとって高いハードルになっている。**このレベルの理解は，一度は何らかのデータを扱うシステム開発やデータベース設計に関わっていないと難しい。**IT技術者が足りていないということが話題になる昨今，そのようなスキルを持った人を採用していくことの難しさは増している。また，さまざまなツールが発達することによってブラックボックス化が進み，データのインプットからアウトプットまでを論理的に設計できる人が育たない環境であることも，このようなスキルを持った人を育成できない原因となっている。

　採用が難しい以上，何らかの形で内部で育成するしかない。データドリブン経営のために当該スキルをどう育成していくか，検討が必要である。

❸　整備すべきさまざまなプロセス

　データドリブン経営の実現に向けて，業務プロセス面でしっかりと整備され

ている必要があるものは，データ分析の進め方に関するプロセス，意思決定の流れに関するプロセス，それらのプロセスがうまく回っているかどうかを評価するプロセスの3つである。これらのプロセスが整備されないままに，各人各様で進められてしまうと，意思決定のバラッキや場合によっては混乱を引き起こしてしまう。つまり，プロセスの整備は意思決定の精度を担保するために必須のものであるため，この3つのプロセスをそれぞれの企業環境に合わせて整備することは必須である。

● データ分析プロセス
［流れそのものは変わらない］

　最初に整備が必要な業務プロセスが，データ分析プロセスである。これは，意思決定内容によって，対象となるデータや分析を行う担当者が異なることとなるが，基本的な流れは変わらない。

　例えば，各事業部門の業績を横串で管理するべく，月次のKPIおよびモニタリング指標を算出し，その原因を分析するようなケースであれば，多くの日本企業の場合，経営企画部門が基幹システム内のデータをもとに分析を行うことになる。一方，営業部門の個社担当が次週以降の訪問プロセスや提案内容を意思決定するような場合は，個社別の過去実績や現在進行中の商談案件内容，そしてその会社の業績等を分析しながらその先の動きを意思決定することになるだろう。必要なデータとしては，基幹システムやCRMのシステム，外部のリサーチサービスのデータ等が対象になる。

　このように，**必要なデータや担当者は異なるが，データ分析の流れそのものは変わらない**。対象データを対象システムから抽出し，それらをもとにBIツールやExcel等でさまざまな指標を算出したり，データの推移を確認したりしながら示唆を得るということになる。そして，分析結果をアウトプットにまとめるという作業を行い，当該プロセスは完了するという流れである（**図表5-13**）。

図表5-13 データ分析プロセス

| データ準備 | データ分析 | 分析結果出力 |

対象システム 　対象データを抽出する　 BIツール / Excel 　まとめる　 分析結果

- 指標算出する
- データの推移を確認する
- 示唆を導き出す

[データ準備]

　ここで整備するプロセスは，共通したデータ分析の流れのことをいっているわけではない。これについては特段整備しなくても，誰もがそのとおりに行っていることである。

　データドリブン経営において整備しておかなくてはならないプロセスとは，それぞれの業務や担当者ごとに異なるプロセスを，その内容に応じて定義しておくことを指している。つまり，先述の事業部門の業績を分析する際に，経営企画の担当者が変わっても毎回変わらず同じ分析結果が出てくるようなプロセスを構築することである。実は，**このプロセスの定義は，OODAループの中で定義されたものとフレームワークをまとめてマニュアル化しておくことと同義**である。

　業績管理の例における具体的なプロセスの定義を紹介しておくと，事業部門の業績管理で行う意思決定内容に対して定義されたデータを明記しておく。そして，それらのデータの取得方法・プロセスを，承認フローを含むプロセスフロー（業務フロー）とともに定義する。データを加工する必要がある場合には，加工のプロセス（Excelのデータをアップロードする，日付順にソートする等）とともに詳細に定義しておく。そして，データの準備が終わった後に分析ツール（BIツールやExcel等）にデータを流し込み，準備が完了する。

[データ分析・分析結果出力]

　その次に定義するのは，具体的な分析手法に関するプロセスである。ここは
フレームワークも関連してくるプロセスであり，どの項目を比較するのか，あ
る数値が閾値を下回っている場合は個別データの推移を見る，といったノウハ
ウのような事項を定義することになる。何かの処理の後に次の処理が発生する
ケースが多いため，**プロセスフローとともにそのルール（フレームワーク）を
定義する**ことになる。

　これまで，このプロセスを中心にして，データサイエンティストが必要だと
されることが多かったが，実は大量にデータサイエンティストを準備できなく
ても，決まったプロセスに落とし込むことができれば，データサイエンティス
トでなくても分析業務をこなすことは可能である。何らかの結果を導くために
必要な分析手法（多変量解析を用いる，特定の分析モデルを用いる等）を選択
することはデータサイエンティストの仕事だが，選択後は分析ツールのマニュ
アルに落とし込めれば（ツールの多変量解析メニューを開き，変数を入力して
実行といったレベル），どんな担当者でも結果を導くことができ，アウトプッ
トにまとめることが可能になる。

　最後に，アウトプットにまとめるところまでのフローを定義すれば，データ
分析プロセスは完了となる。アウトプットに関してはレポートイメージもしく
は実行画面イメージが定義されていればよく，分析後にレポート化するための
作業工程（加工工程を含む）が入る場合にプロセスフローを定義するといいだ
ろう（**図表5-14**）。

図表5-14 データ分析プロセスの定義方法

データ準備	データ分析	分析結果出力
1. 定義されたデータを明記する 2. データの取得方法・プロセスを定義する 3. データの加工プロセスを詳細に定義する ※必要な場合のみ 4. 分析ツール（BIツールやExcel等）にデータを流し込む	1. 具体的な分析手法を定義する 2. 何かの処理の後に発生する次の処理をともに定義する	1. アウトプットにまとめるプロセスを定義する a. アウトプットイメージを定義する（レポート，実行画面など） b. レポート化するための作業工程（加工工程を含む）を定義する※必要な場合のみ

データサイエンティストにより「具体的な分析手法を定義する」を選択した後，上記の分析ツールをマニュアルに落とし込めれば，どんな担当者でも結果を導くことができる

[意思決定プロセスに関するデータ分析プロセス]

　この後の意思決定プロセスをスムーズに進めるために，また意思決定の精度を上げるために，データ分析プロセスは重要なプロセスとなる。

　まず，当該プロセスの定義を，**意思決定の種類の数だけ用意しなくてはならない**。大小さまざまな意思決定事項に対して，すべてのプロセスを定義することは現実的ではないと感じるかもしれない。その準備に要する時間と工数が途方もないものになりそうだと感じる人も少なくないだろう。かといって，これらを放置することは，データドリブン経営の精度を低くし，結果として企業の競争力をそいでしまうものになりかねない。

　現実的な取組みとしては，経営上，あるいはオペレーション上，必須となる重要な意思決定プロセスから先に定義を行い，徐々にその裾野を広げていくアプローチがよいと考えられる。つまり，**さまざまな意思決定事項について，企**

| 図表5-15 | 意思決定プロセスに関連するデータ分析プロセス定義のアプローチ |

アジャイルに対応していくことを前提
※時が経つにつれて，優先順位が変わってくることが予想されたため

優先順位<u>低い</u>プロセス

優先順位<u>高い</u>プロセス

（例：経営上，あるいは
オペレーション上必要
となる重要な意思決定
プロセス）

徐々に広げていく

業としての優先順位をあらかじめ決めておき，その順序に従ってプロセス定義を進めていくというアプローチである。時が経つにつれてその優先順位も変わってくることが予想されるため，アジャイルに対応していくことを前提に，まずはデータ分析プロセスの定義を進めていくことが得策だろう（図表5-15）。

● 意思決定プロセス
［アクションにつなげるまでのプロセス］

　データ分析プロセスに引き続いて定義が必要になるのは，意思決定プロセスである。単に意思決定プロセスというと，意思決定をするまでのプロセスを定義すると聞こえるかもしれないが，ここでいう意思決定プロセスは，意思決定後のアクションにつなげるまでのプロセスを含んでいることに注意が必要である。OODAループの場合はDecideとActのステップ，PDCAサイクルにおいてはCheckのステップの後半からActionのステップが対象になる。

　データ分析プロセスで最終判断するためのアウトプットまでは導出されてい

るので，多面的にそれらのデータを見極めたうえで，アクションを決定する必要がある。ここにはプロセスがあるのではなく，意思決定者のスキルによる判断という結果が存在することになる。

　ただし，重要な意思決定の場合は，1人の意思決定者が判断するのではなく，より上位者がその判断が正しいかどうかを吟味する，あるいは複数の意思決定者が同時に意思決定を行って最終調整を行うといったケースが存在する。このような場合は，誰の後に誰が意思決定を行うのかというプロセスを定義しておく必要がある。**重要なのは，意思決定後にアクションにつなげる部分のプロセス**である。当該プロセスではこの部分をしっかりと定義しなくてはならない。

[アクションまでのフローの定義]

　アクションの内容は意思決定内容によって当然異なり，アクションの指示を出す対象（伝達先）やその内容（どういったアクションを起こさせるのか）は多岐にわたることになる。**重要なのは，アクションを指示される側が，誰からどんなタイミングで指示されるのかをあらかじめ知っておくことである。** つまり，このプロセスで，どのタイミングで誰から誰に，どういった種類の指示がいくのか，ということがプロセスフローとともに定義されていることがポイントとなる。

　例えば，サプライチェーン上の需給調整に関する意思決定を行うプロセスの場合，データ分析プロセスでアウトプットされたデータから，ある工場の生産を止めるという判断を意思決定者が行ったとする。その場合，その意思決定者から工場の生産を止める権限を持っている者（企業によって異なるだろうが工場長や生産部門長等）に対して，メール（あるいは電話，システム上の通知）等で，決まった時刻（月曜日の午前等）に通達されることになる。その通達を受け取った工場長等が，生産計画責任者や現場のラインに通達し，実際に製品の生産が止まるという流れになる。

　このプロセスが明示的に定義されていることで，複数の工場で今週生産計画の変更が必要あるのかどうかを予測し，その事態に即してスムーズに後続の処

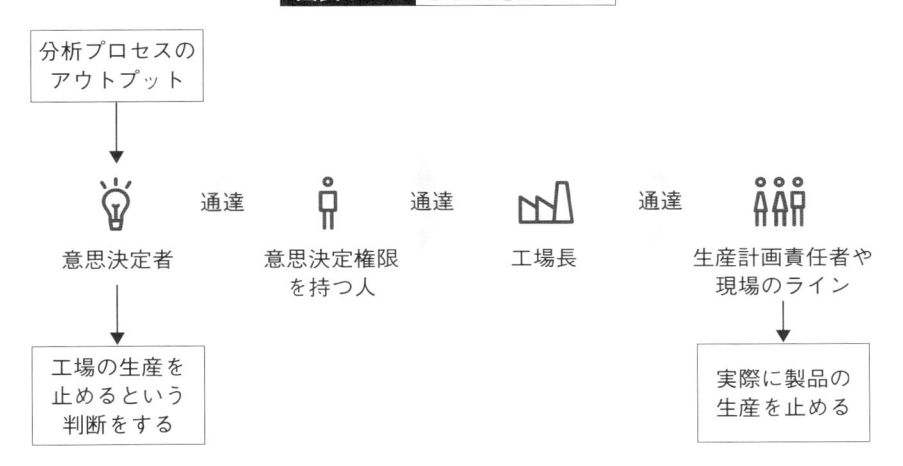

理を行う準備をすることが可能になる（**図表5-16**）。事前に心の準備もないところに，突然止めろと予想もしないルートで情報が飛んできたところで，本当に現場を止めるべきかどうか判断できず，対応が後手に回ることになる。

[環境変化に対する迅速な対応を可能にする]

　このプロセス定義は，PDCAサイクルを高速化することに寄与するとともに，OODAループを採用するような環境変化に対して迅速に対応するような意思決定に対しても有効に働く。避難訓練と同様に，有事の際にどう動くべきかを訓練するのと同じ意味合いが，当該プロセス定義におけるプロセスフローやフレームワークの共有を通じて実現されるのである。

　デジタル時代のデータドリブン経営においては，環境変化がいつ，どのタイミングでやってくるのか予想ができない。そのような状況の中，環境変化にどれだけ速く対応できるかが，企業競争力を確保するための重要な要素となる。その備えとして，**アクションまで含めた意思決定プロセスの定義は必須事項**であり，こちらもデータ分析プロセスと同じく，優先順位を付けて整備していく必要があるプロセスである。

評価・モニタリングプロセス

[データ分析・意思決定プロセスではできないこと]

データ分析プロセス，意思決定プロセスの２つのプロセスを明確に定義することで，PDCAサイクルおよびOODAループ双方のプロセスを推進することが可能になる。しかし，その定義したプロセスが正しいものなのかどうか，さらに高度化する必要があるのかないのかといった点を評価することはできない。変化が激しいデジタル時代では，プロセスの変更や改善を思った以上に早いタイミングで行っていかなくてはならないのではないか，という予測も成り立つ。そのような変化を察知するには，それぞれのプロセスが思いどおりに進んでいるのか，環境の変化によって定義されていたデータでは判断しきれないというケースが出てきていないか，選択したアクションがうまく機能しないようなケースが頻発していないか，といったことを拾い上げられるプロセスが必要になる。

データドリブン経営では，このようなプロセスを，評価・モニタリングプロセスとして定義しておく必要がある。このプロセスは，プロセスフローそのものよりも，いわゆるフレームワークに当たる部分と，誰が評価・モニタリングするのかという２点を明確に定義することが重要なポイントとなる。

[重要な２つのポイント]

フレームワークに当たる部分とは，どの項目を見ておくとプロセスの変更やデータ定義変更の必要可否を素早く判断できるのか，というノウハウ的な部分である。これは，業種によっても異なる部分が多く，それぞれの企業で判断が必要になる。コンシューマー向けの業種であれば，マーケットシェアや顧客アンケート等の指標が最も影響を与えるといった具合である。

このフレームワークに関わる部分は，あますことなく評価・モニタリングのために必要と思われるデータ（指標を含む）を定義しておき，この定義そのものも環境変化に伴って変更が必要になる可能性が高いことを意識し，**常に最新化しておくことが重要なポイント**となる（図表５-17）。

図表5-17　評価・モニタリングプロセスにおけるフレームワーク

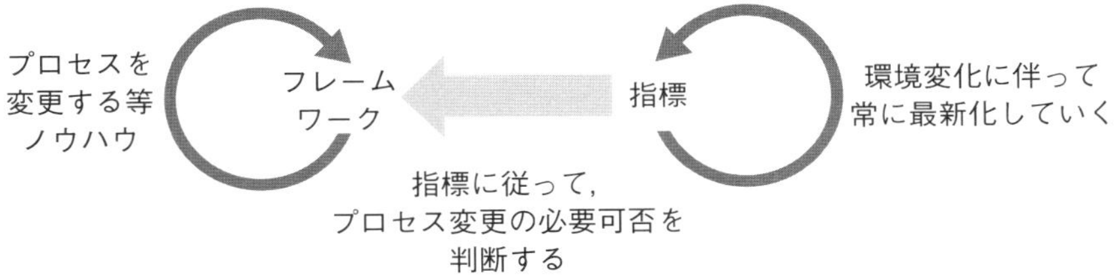

プロセスを
変更する等
ノウハウ

フレーム
ワーク

指標

環境変化に伴って
常に最新化していく

指標に従って，
プロセス変更の必要可否を
判断する

　もう1つの留意点である「誰が評価・モニタリングするのか」という点についても触れておこう。評価・モニタリングに関しては，一定の閾値を設けておくことで，システム的に自動でアラートを出す等，ある程度人が介在しない形のプロセス定義も可能である。しかし，それらのアラートをマーケットの状況に鑑みて無視をするといったことも往々にして発生するものであり，この部分は人に依存せざるを得ない側面がある。そういう意味では，判断する人のスキルに依存しており，**誰が評価・モニタリングするのかという問題は，企業競争力に直結する事項**であるともいえる。AI時代が到来しても，人の判断をまだまだ捨てられない（人が判断しなくてはならない）領域である。

[競争力を高めていけるかを左右する]

　フレームワーク，評価・モニタリングを誰が行うのか，というこの2点が持つ重要性は，そのままにこのプロセスの重要性を示している。データドリブン経営において，データ分析プロセス，意思決定プロセスも重要であることは間違いないが，その**結果として企業の競争力を高めていけるかどうかは，この評価・モニタリングプロセスの善し悪しにかかっている。**

　特に，誰が評価・モニタリングするのかという点については，データ分析プロセスや意思決定をしっかりと理解しており，フレームワークを数多く習得している人材を配置できるかどうかにかかっている。一朝一夕にそのような人材を輩出できるわけではない。したがって，プロセス整備に合わせて，戦略的にデータドリブン経営を進めていく構想・プランを明確に策定する必要があるだ

ろう。

2 情報システムの再構築

　前節では，業務プロセスに関わる仕組みの面について触れた。本節では，重要性が増し，企業経営上，当たり前に必要となっている情報システム面での仕組みについて触れていく。特に，デジタル時代という環境を踏まえて，これまでの情報システムから変更が必要，あるいは新たな導入が必要となる部分は何か，既存のシステムとの連携をどう考えていくべきかといった部分に留意するとともに，昨今本格化してきたAIの活用について解説を加える。

❶　肥大化するデータの格納

　デジタル時代のデータドリブン経営にとって，情報システムが果たす役割は以前にも増して重要なものになっている。誤解を恐れずにいうと，**デジタル化に対応した情報システムが整備されていない状態では，ビジネスの競争力を担保することが不可能な時代に突入している。**

　多くの日本企業がデジタル化を急ぎ，さまざまな自社の情報システムを刷新してきただろうし，現在も相応の投資を続けていることだろう。しかし，データドリブン経営を進めていくうえで，これまでとはまったく違った情報システムを構築しなくてはならない面もあり，アーキテクチャーの見直しを含めた抜本的な再構築を行わなくてはならない企業があることも事実である。その必要性を感じながらも，投資額の大きさやIT技術者の不足を理由に，先送りにしている日本企業も少なくない。

　一方で，海外企業はITに対する投資をCXOクラスの判断で一気に進めて覇権を取りにきており，そのアプローチは多くの日本企業と一線を画している。このような状況化で，多くの日本企業が自社の情報システムをどう変えていく必要があるのかを考えるうえで，理解しておかなくてはならない要素について整理してみよう。

● 従来型DWHの限界がもたらすもの

[構造化データを扱う想定のDWHが主流]

　デジタルの定義というところでも触れたが，インターネットを介してデータをやり取りすることによって，膨大なデータを使った意思決定を行う時代になっている。しかも，構造化されたデータだけではなく，非構造化データも扱うようになって，飛躍的にデータの種類およびデータ量が増加している。

　2000年代初頭から，日本企業はこぞってDWH（Data Warehouse）を導入し，データドリブン経営の走りともいえる経営管理をスタートさせた。それから15年ほどの時間が経過した今も，当時とそれほど変わらない構造のDWHを使っている企業は多い。当時と比べ，ハードウェアの発達やデータベースのインメモリ化等を通じて，大量のデータを速く処理できるようにはなっている。しかし，もともと構造化データを扱う想定で作られているDWHが主流のため，非構造化データを含めたあらゆるデータを一元的に管理・活用する仕組みが構築できていない日本企業が多いのが現実である。

　デジタル化の波による環境変化が激しいため，**従来型のDWHで多種多様な大量データを扱うことに限界がきており，新たなデータを活用するための基盤を構築することが急務**となっているといえよう。

[構造化データと非構造化データを組み合わせられない]

　もちろん，企業によって扱うデータ量も異なるし，データの種類も異なる。データドリブン経営において重要な意思決定を行うために必要なデータがほとんど構造化データなのであれば，必要なデータ量を適切な時間で処理できる仕組みが揃っていれば，それほど新たなシステム基盤構築を急ぐ必要はない。どちらかというと，ハードウェアの増設でしのげるレベルかもしれない。

　しかし，センサーログデータやSNSのログデータ，画像データ等の非構造化データを大量に分析する必要がある企業の場合，既存のデータ基盤では太刀打ちできない可能性が高まる。非構造化データを扱うための基盤を既存のデータ基盤と別に構築するケースが昨今増えているが，非構造化データのみで分析す

るケースが少ないため，既存のデータ基盤との連携をどうするかでうまく仕組みが作れない企業が出てきている。ログデータだけでは意味を持たないため，さらに別のデータと組み合わせて分析をすることになるが，その組み合わせ先のデータが構造化された既存データ基盤にある場合，その環境と新たな環境でうまく連携できないアーキテクチャーになってしまっているケースがこれに当たる（**図表5-18**）。

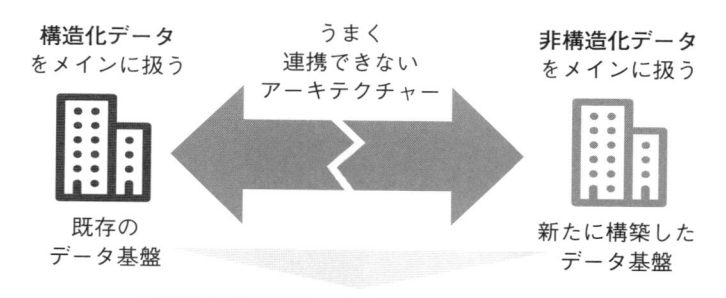

図表5-18 従来型DWHの弊害

構造化データ
をメインに扱う

うまく
連携できない
アーキテクチャー

非構造化データ
をメインに扱う

既存の
データ基盤

新たに構築した
データ基盤

構造化データと非構造化データを
組み合わせて分析をすることができない

[アーキテクチャーの見直しも視野に]

この例に見られるように，アーキテクチャーに起因する問題は，多くの日本企業で発生することが予想される。これは，標準化が進まず，独自仕様で肥大化したシステムを多く抱える企業が多いため，データ構造そのものの見直しをするには**根本的なエンタープライズアーキテクチャーの見直しを行わないと，細部で不整合を起こしてしまう構造になってしまっている**からである。

従来型のDWHでの経営に限界がきているので，新たなデジタル時代に即したDWHを導入すればよいという，簡単な問題ではないことを認識しておく必要がある。システムの構築，ましてやデータ基盤というシステムの根本に影響を与える部分の刷新は，一朝一夕で実現できるものではない。しかも，アーキ

テクチャーの見直しまで視野に入れることを想定すると，一から新たな仕組み
を構築してデータを移行するスクラップアンドビルド方式（当然システムを止
めるわけにはいかないので，ビルドが先になる）での再構築を意識する必要が
あろう。

● データレイクの構築

［データレイクという考え方］

　従来型の仕組みに限界がきている昨今，データレイクという考え方が注目さ
れている。特に，データドリブン経営で重要になるデータ基盤として，構造化
データと非構造化データを最適化して格納する，このデータレイクの考え方は，
データドリブン経営と非常に親和性が高い。よく，データレイクとDWHがど
う違うのか，何が違うのかという点が取り上げられるため，ここで整理してお
こう。

　データレイク（Data Lake）という言葉から想像できるように，湖に幾本も
の川からデータが流れ込んでくることをイメージして，このように名付けられ
ている。データレイクという言葉に明確な定義は存在していない。おおよそ，
さまざまなデータを溜めて自由に使えるようにしている仕組みであることを基
本として，ベンダーごとに詳細な定義をしているのが昨今の状況である。

　データレイクという概念がいつ生まれたか，どこで生まれたかという点につ
いては諸説あるが，この概念が出てきた背景には，ビッグデータを経営に活用
する観点で，従来の仕組みでは限界がきていた点が挙げられる。従来の仕組み
といっているのは，前述の従来型DWHのことである。技術的には処理能力が
上がっていったものの，構造化データを集約することで周辺にあるデータから
得られる示唆が欠落するケースがある等，データの持つ意味を多面的に紐解く
ことが難しくなっていた（言い換えると，もっと多くのデータを見て判断する
世界が見えてきていた）ことが，データレイク発祥の起点となっている。

[データの格納でデータ構造を意識せずに済む]

　データレイクの技術的な詳細はここでは省くが，DWHとの大きな違いは，**構造化データと非構造化データの双方を，論理的に１箇所にストアできる**という部分である。NoSQLが取り沙汰されているように，DWHも，構造化データだけでなく非構造化データも格納できるようになってきた。

　しかし，非構造化データを扱うには，コストやスピードの面でデメリットが存在する。DWHでは，各種データを自由に扱えるようにするために，決まった形にデータを加工（クレンジング）し，格納する必要がある。非構造化データは各種ログデータ，画像，動画，音声等多岐にわたるうえに，同じ種類のデータでも，そのフォーマットはさまざまである。それらのデータをDWHに取り込む際に，個別のクレンジングを行うための工数やインターフェースプログラム（クレンジングプログラム）の開発といったコストが，データ種別ごとにかかることになる。これはデータ量とデータの種類が飛躍的に増加している昨今では影響が大きく，現実的な解にならないようになってきた。

　そこで，データの格納時に多くの工数が必要にならず，元のデータをなるべく加工することなくストアし，後から自由に活用できるようにしたものが，データレイクである。格納時にデータの形式や長さの指定が必要ないスキーマレスの構造を持っているデータレイクでは，データドリブン経営における環境変化による新たなデータ追加や，基幹システム内のデータ（構造化データ）と外部の非構造化データを結合するといったことが簡単にできるようになっている。特に，**データの格納でデータ構造を意識しないでいいという点はメリットが大きく，今後データが指数関数的に増加することが予想される経営環境において，なくてはならない基盤になることが予想される**（図表５-19）。

図表5-19 データレイクとDWHの比較

データレイク	DWH
・構造化データと非構造化データを両方扱える ・格納時にデータの形式や長さの指定が必要ないスキーマレスの構造を持っている	・構造化データと非構造化データを両方扱える ・さまざまな非構造化データが存在するうえに，同じ種類のデータでもそのフォーマットはさまざまである

データドリブン経営における環境変化による新たなデータ追加や，基幹システム内の構造化データと外部の非構造化データを結合するといったことが簡単にできる	取り込む際に，個別のクレンジングを行うための工数やインターフェース・クレンジングプログラムの開発といったコストが，データ種別ごとにかかることになる

［データレイク構築上の留意点］

　しかし，データレイクを構築したからといって，データクレンジングがなくなるわけではない点に留意が必要である。大量のデータをスキーマレスで取り込むことが簡単になったとはいえ，活用する際に不必要なデータが多い場合には，自社が想定する分析が適切に行えない。そのようなケースでは，いわゆるゴミデータをクレンジングし，**分析に適した形に加工する必要がある**。大きな湖から釣りたい魚がいる場所を選定することは，いくらデジタル技術の力を借りるとはいえ，効率的なことではないため，適切な大きさの湖に整備することを念頭に置く必要がある。

　また，データレイクを構築することによって既存のDWHが不要になるのかといえば，そうではない。やはり，構造化データを活用する観点では，従来のDWHのほうがデータの扱いやパフォーマンスの面で優位性がある。構造化データと非構造化データを結合してデータドリブン経営に活用する局面では，扱うデータの種類やデータ量によって，DWHで行うのかデータレイクで行うのかを判断していく必要があるだろう。そのためには，**システムアーキテク**

チャーの面から検討が必要になるため，必要に応じて自社のシステム全体像（データベースの全体像を含む）を紐解きながら，専門家の意見を参考に進めていく必要があろう。

❷　大量データを扱うための仕組み

データの格納基盤が揃い，データを格納した後に必要となるのは，分析で必要となるデータをデータベースから抽出し，抽出したデータを結合したり何らかの統計処理をしたりするプロセスである。このような大量のデータに何らかの処理を行うために，以前はExcelを使うことも多く，それほど大きな仕掛けも必要なかった。しかし，昨今の大量データを処理するにはExcelでは事実上難しい状況にあり，旧来のDWHでもデータによっては処理しきれないようなケースも出てきている（非構造化データを扱うようになると，なおさらである）。では，このような大量データの処理を実現するための仕組みには，何が必要なのだろうか。

● ハードウェアの重要性
［データ処理速度の進化］

2000年代に入った頃のDWHは，どちらかというとソフトウェアの技術を使って，それまでよりも多面的な分析ができるようにデータ処理の仕組みを作ってきた。それまで主流だったOLTP（Online Transaction Processing）による処理から，分析に特化したOLAP（Online Analytical Processing）による処理が可能なDWHが主流となったのがこの頃である。データマート（分析・参照用に用いられる更新頻度の低いDB）やキューブ（小分けにされた分析のためのDB形態）といった用語が語られ，ドリルダウン，ドリルスルーといったレポートの見せ方が一般化したのもこの頃である。

その後，Hadoopのようなミドルウェアの登場で分散処理の能力が進み，さらに大量のデータを迅速に扱うことができるようになってきたが，ソフトウェアによる処理そのものよりも，近年ではハードウェアの発達による処理能力の

| 図表5-20 | データの処理スピードに影響を与える要素 |

CPUやメモリ
の処理速度

データを格納する
ストレージ
（ハードディスク等）
の回転速度

データドリブン経営のスピードに
大きな影響を与える

向上が顕著に表れてきている。

　データの処理速度には，ハードウェアの心臓部であるCPU（Central Processing Unit：中央処理演算装置）やメモリだけでなく，データを格納するストレージ（ハードディスク等）の回転速度等が大きく影響を与える。ここ数年でその処理能力は大きく進歩しており，**ハードウェアの善し悪しがデータドリブン経営のスピードに大きな影響を与えるようになっている**（図表5-20）。

[適切な投資に耐用年数の壁？]

　そのようなハードウェアの進歩は，誰もが肌で感じているのではないだろうか。例えば，ノートパソコンに搭載されているCPUの性能も，5年違えば処理能力が倍以上違うことになることはざらである。単にCPUの性能だけで処理能力が決まるわけではないが，単純にCPUを比べるだけでも，1つのCPUに1つのコアしか積んでいなかったものが，8つのコアを1つのCPUに積むほど集積度は上がっている。このようなCPUの進歩は，企業が使うビジネス用途のサーバーにおいても顕著であり，数年の差で処理能力に大きな差が生まれてしまっている。

　また，CPUだけでなく，データを格納する面で最も重要といえるストレー

ジも，旧来のハードディスクドライブがSSD（Solid State Drive）のような半導体メモリを使う形に変化したことが大きく影響している。インメモリ型のデータベースも今では当たり前になり，それらの価格も下落してきているため，数年前にDWHを構築した際にかかった費用で，比べものにならないくらいの性能を手に入れることができる時代になったのである。

しかし，多くの日本企業はそのようなハードウェアの進歩に対して，適切な投資を行うことができていない。これは，通常，サーバーを購入した際には固定資産として計上され，5年間で償却することになることが影響している。5年の償却が終わるまでは新たなハードウェア投資を行わない傾向が強い。その5年の間に性能では雲泥の差が付いてしまう現実を目の前にしても，なかなかリプレイスするという意思決定ができないのはしかたがない面もある。ただ，データ量が指数関数的に増え，デジタル時代のデータドリブン経営では特にスピードが重要視される中で，**ハードウェアの更新タイミングを原因とした遅れが致命傷になることは避けなくてはならない。**

[アーキテクチャー全体の把握から始める]

ハードウェアの重要性は理解したものの，現状に鑑みるとどうしていいのかわからないという日本企業も多いだろう。これは，ベンダーの提案ごとに意思決定を行ってきたことが原因であり，システムアーキテクチャーの全体像を捉えながら情報基盤の整備をしてこなかったことに起因している。また，ハードウェアの進歩をウォッチし，必要に応じてそのIT戦略を見直すということをしてこなかったCIOないしは情報システム部門の責任と捉えることもできよう。ただ，昔に戻ることはできない以上，今後の対策をどうするかを検討しなくてはならない。

多くの日本企業は，**まずアーキテクチャー全体の把握から始める必要がある**だろう。仮想化が進んでいる昨今，多くの仮想基盤が企業内に存在しており，それらの統合を進めて古いハードウェアから新しいハードウェア上の仮想基盤にアプリケーションを移すことが最初の一歩となる。その際に，最終的にどう

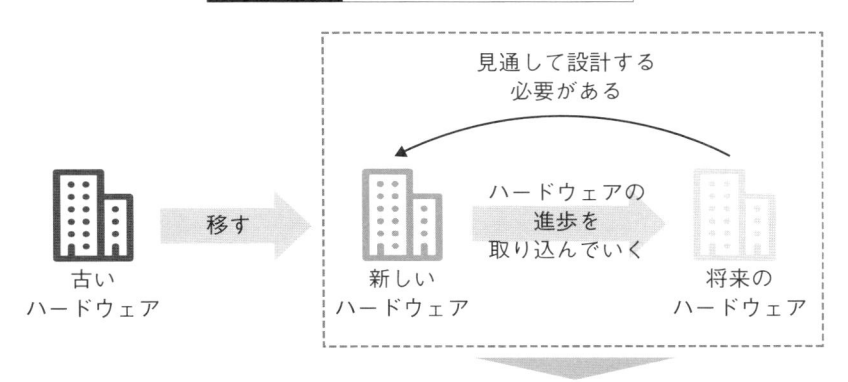

図表5-21 ハードウェア移行の考え方

いったハードウェアを自社内で使うことを想定し，その後のハードウェアの進歩をどうやって取り込んでいくのかという見通しと合わせて，設計していくことが重要である。

　企業のスケールアップに合わせて柔軟に対応できるハードウェアとして，HCI（Hyper-Converged Infrastructure：ネットワーク，管理ソフト，サーバー等が1つに統合され，容易に拡張可能となっているハードウェア）を採用する企業が増えてきている。このような最新のトレンドを取り入れつつ，多くのシステムリソースが必要となる大量処理システムに最新のハードウェアが適用できるように，IT戦略を策定することが求められている（**図表5-21**）。

● クラウドの活用とその問題点
[現在の自社の環境に大きく依存する]

　ハードウェアが重要であることは理解していても，投資余力の問題やサーバーの散在状況によっては，すぐにハードウェア基盤の見直しに着手できない

企業もあるだろう。そんな中，データレイクの構築を提唱しているプラット
フォーマーの影響もあってか，クラウドにその基盤を置くことによって，ハー
ドウェアに起因する遅れを取り戻すことを検討・実行している企業が増えてき
ている。企業にとってはハードウェアの保守運用を自社で行う必要がなくなり，
DevOps（開発運用の一体運営・自動化）の推進も容易になるメリットがある。

　データレイク構築の容易さの面からも，データドリブン経営の情報基盤をク
ラウドに設けることは大きなメリットがあり，迅速に環境を構築することが可
能になることは間違いない。しかし，クラウドを活用するにはさまざまな課題
をクリアする必要があることを理解しておかなくてはならない。それは，現在
の自社の環境に大きく依存する問題が多数存在するからである。

［クラウド上で大量データの処理ができるか］

　クラウドを中心にデータレイクを構築する際，ハードウェアの性能について
は考慮する必要がない。必要なハードウェアリソース（性能）を，クラウド環
境を提供するプラットフォーマー（AWS，Microsoft，Google等）にリクエス
トするだけで実現するからである。当然その分費用はかかるが，ハードウェア
を数年で交換する必要はなく，必要なタイミングで，必要となる性能を借りれ
ばよいので，費用対効果は高いといえるだろう。

　問題は，企業のシステムアーキテクチャー全体を見渡したときに，クラウド
を活用するメリットが十分にあるかどうかである。新規に設立した会社で，基
幹システムのデータをはじめとして，あらゆるデータがクラウド上にストアさ
れている場合は，それほど問題にはならない。なぜなら，クラウド上にある
データを，クラウド上にあるアプリケーションを使って処理をし，その結果を
クラウド上に保存するか，レポートをクラウド上で確認できればよいからであ
る。クラウド上ですべて完結することができる。

　しかし，多くの日本企業では，データドリブン経営で定義したデータの多く
が自社のオンプレミス環境に格納されており，クラウド上にあるデータはほん
の一部に過ぎないケースが多い。この場合，今後の拡張性を勘案してクラウド

にデータを移し，クラウド上で大量データの処理を行う選択肢ももちろんある。しかし，この選択肢をとるべきかどうかの判断が非常に難しいことを理解しておかなくてはならない。

［システムアーキテクチャーの観点からの検証］

　想像してもらいたい。動画のような大きなサイズのデータを，ネット上からダウンロードするのにどれぐらいの時間がかかるだろうか。回線速度に依存するが，瞬時に終わるものでないことは理解できるはずである。どうしてもネットワークのスピード，特にクラウドの場合はインターネットを経由するため，その速度がボトルネックとなる。

　したがって，**データ量によっては実用的なオペレーションが事実上不可能である場合も想定しないといけない**。リアルタイムに発生するようなトランザクションデータの場合は，データ量も小さいため，クラウドに格納しやすい。しかし，月次処理をしたデータを一括でクラウド上のデータレイクに転送するようなケースでは，一晩でデータ転送が終わらない可能性もある。このあたりを慎重に吟味し，本当に自社でクラウドを活用できるのかどうかをシステムアーキテクチャーの観点から検証する必要がある。

［インフラへの投資を最優先に考えるという意識改革を］

　データドリブン経営で定義されたデータや分析手法によっては，クラウド上のデータレイクに格納したデータと自社のオンプレミス環境にあるデータを結合する際に，クラウドからオンプレミスへデータを送ってオンプレミスでデータ処理を行うほうがいいのか，オンプレミスからクラウドへデータを送ってクラウド側でデータ処理を行うほうがいいのか，が変わってくる。最適な方法を選択するためには，システムアーキテクチャーとデータマネジメントに関する専門的な知見が不可欠であるため，綿密な検討を行う必要があることに留意してもらいたい（**図表5-22**）。

　また，今後のハードウェアの進歩，とりわけネットワーク環境の進歩がデジ

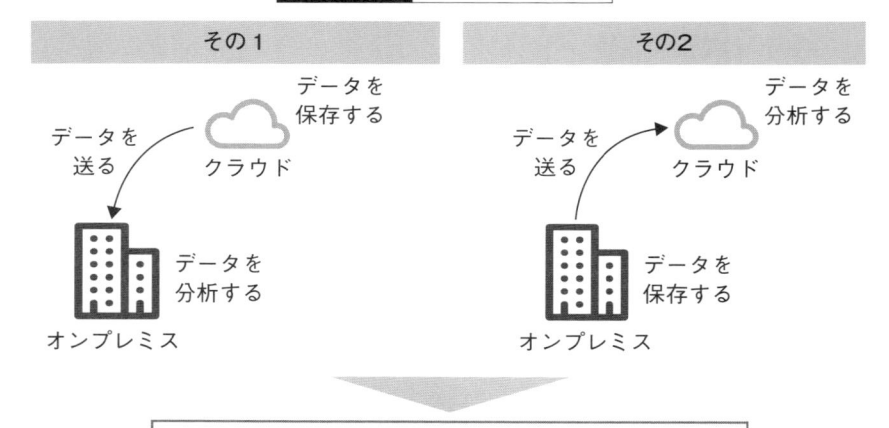

図表5-22　クラウドの活用法

その1

データを
保存する

データを
送る

クラウド

データを
分析する

オンプレミス

その2

データを
分析する

データを
送る

クラウド

データを
保存する

オンプレミス

最適な方法を選択するため：
・システムアーキテクチャーとデータマネジメントに
　関する専門的な知見が必要となる
・綿密な検討を行う必要がある

タル時代のデータドリブン経営に与える影響は非常に大きいため，常にトレンドをウォッチする必要があるだろう。特に，今後5G（第5世代移動通信システム）のサービスが本格化すると，端末側で大量のデータ処理を行ってデータ転送する，いわゆる**エッジコンピューティング（Edge Computing）の世界が広がることが予想される**。このため，データレイクの構築を含めたアーキテクチャー設計を再考する必要が出てくるだろう（**図表5-23**）。

　このように**ハードウェアの進歩とデジタル／データの世界は表裏一体**であり，その変化に合わせてどういう選択を行うかが鍵となる。多くの日本企業はアプリケーションに着目し，アプリケーションに対して大きな投資をしてきた歴史がある。このことから，投資への意識を変えることは難しいかもしれない。しかし，**デジタル時代では重要な投資対象はデータ基盤を含むインフラ**であり，その善し悪しがデータドリブン経営の本質に大きく関わる。この点で，インフラへの投資を最優先に考えるという意識改革（チェンジマネジメント）が実行

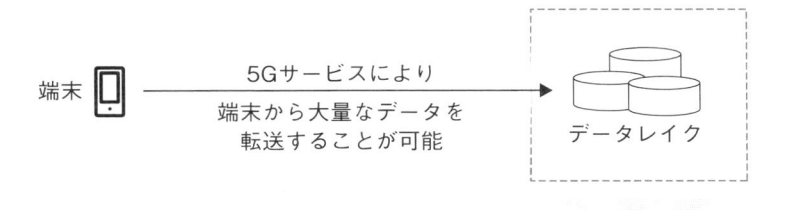

図表5-23　5Gサービスの本格化がデータドリブン経営に与える影響

できるかどうかが問われている。

❸　スピードへの対応

　次に検討を要するのは，スピードへの対応である。データの格納とデータの処理を行う仕組みが整えば，デジタル時代のデータドリブン経営を推進する素地は揃ったことになる。後は，経営戦略の実現に集中すればいい状況となる。

　ただし，デジタルの世界は変化が激しく，さまざまな状況の変化に対して柔軟にスピードを持って対応できることが，データドリブン経営を継続していくうえで非常に重要な要素となる。その意味で，これまで以上にスピードを意識した経営を行う必要があり，そのスピードとはOODAループの高速化の実現を意味している。

　PDCAサイクルとは違い，OODAループは繰り返し高速化・効率化を狙っていくものではなく，変化に対してアジャイルに対応できるかどうかという点が試されることになる。アジャイルに物事を進めていき，スピードを高めていくために重要な要素として，ここではリアルタイム化とプラットフォーム化に触れておこう。

●● リアルタイム化

[リアルタイムの変遷]

　1990年代からERPの導入が本格化し，リアルタイムという言葉は企業経営上定着化してきた感がある。しかし，リアルタイムと聞くと非常に有用な気になるのだが，実際のビジネスでリアルタイム性が必要不可欠な事象は限られている。その意味から，1990年代から2000年代にかけて，リアルタイムのデータ更新を意識してデータドリブン経営を推進するようなことはなかった。月次での処理（バッチ処理）がメインであり，構造化データをもとに意思決定を行うため，データ更新は日次がいいところであった。リアルタイムに反映されるデータは，オンライン入力のデータに限られていることが多かった。

　それが2010年代に入ると，企業はPDCAサイクルの短縮化に取り組むようになり，週次サイクルでの意思決定等も行われるようになり，全体として意思決定のサイクル，データドリブン経営におけるデータ分析等のサイクルが高速化する傾向が強まる。

　そして，昨今のデジタル時代に入ると，特にコンシューマー向けのビジネスを中心に，刻一刻と変わる情勢を見ながら意思決定をする，リアルタイム更新を前提とするデータドリブン経営が実践されるようになってきた。在庫の引当や納期といったデータはリアルタイムに統合され，いち早く顧客に提示される仕組みが実現している。

[他者との連携や顧客とのやり取りもリアルタイムで]

　リアルタイムにデータをやり取りするためには，それぞれの処理がリアルタイムになされるとともに，データ連携もリアルタイムに断絶することなく実現している必要がある。このため，これまでとは違ったデータ連携と，安定したネット環境の確保が重要になる。特に，自社だけでなく，他者との連携や顧客とのリアルタイムのやり取りに実現する部分については，インターネットを介することが前提となるため，デジタル技術の採用がより不可避になる。

　つまり，**リアルタイム化は，処理そのものをリアルタイムに行うという意味**

合いだけではなく，**データのやり取りをリアルタイムにすることとあわせて実現されることが前提**になっている。データ更新がリアルタイムに行われることを意識していた世界から，更新後のデータを相手に送り届けるところまでを含めて実現するものになったということである。

［リアルタイム化の見極め］

　前項で触れたように，ハードウェアの進歩によって，データをリアルタイムに更新すること自体は，何のネックにもならない時代になっている。リアルタイムに更新できることを差別化としていた世界はもうなく，当たり前の世界になったということである。今は，**更新ではなく，双方向の情報伝達（データ転送）をリアルタイムに，かつセキュア（安全）にできるための，ネットワーク環境や暗号化を含めた通信プロトコルの実装が重要なポイントになる**（図表5-24）。

　したがって，企業は，このようなリアルタイム化を実現するためのデジタル技術の進歩やハードウェアの進歩を見極め，自社の戦略実現に向けて活用方法を模索することを始める必要がある。スピードへの対応に向けた一要素として，さまざまなやり取りをリアルタイム化していくことが競争力確保につながることを認識し，仕組みを整えていく必要があろう。

図表5-24　リアルタイムでセキュアなやり取り

ネットワーク環境や
暗号化を含めた
通信プロトコルを実装

システム1　　双方向でデータを連携する　　システム2
　　　　　　　・リアルタイムに
　　　　　　　・セキュアに

　ただし，何でもリアルタイムにすればいいのかというと，そうではない。事業戦略のような分野ではリアルタイムに意思決定の方向性を変えるようなことは想定されないため，そのような分野に関連するデータはリアルタイムに処理されている必要はない。リアルタイムに処理されるべきデータが何か，そのためにどのような仕組みを用意すべきか，という観点で整理する必要があろう。

● プラットフォーム化

［プラットフォームの意義］

　もう１つ，スピードへの対応として挙げておく必要があるのが，プラットフォーム化である。プラットフォームという言葉は，デジタル化が進む昨今では当たり前に使われるようになっているが，特にデジタルプラットフォームといった使われ方が増えてきている。デジタル時代のデータドリブン経営という文脈において，プラットフォームは標準化されたデータ基盤という意味合いが強い。**データレイクとデータ処理のプログラム（ツール）を合わせた情報基盤のこと**をプラットフォームと解釈して構わないだろう。データドリブン経営で必要と定義されたデータが，共通のプラットフォームに格納され，そのデータを共通基盤上のプログラム（クラウドの開発基盤やBIツール等）で処理し，その分析結果がレポートされる一連の仕組みがプラットフォームである（**図表5-25**）。

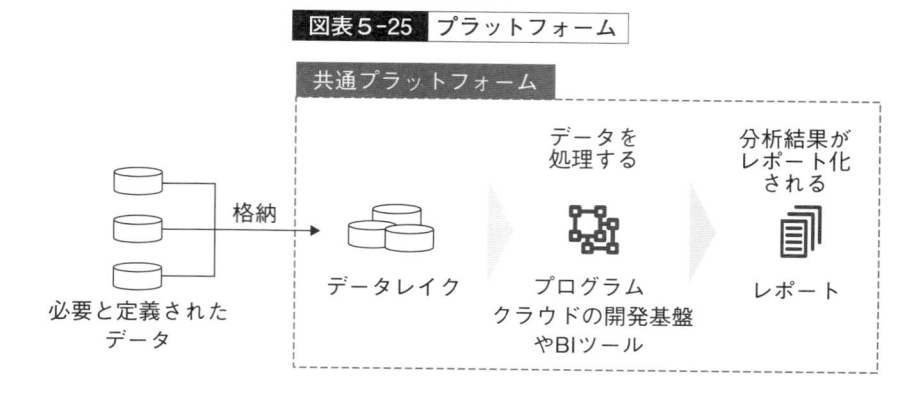

図表5-25　プラットフォーム

共通プラットフォーム

格納

データを処理する

分析結果がレポート化される

必要と定義されたデータ

データレイク

プログラム
クラウドの開発基盤やBIツール

レポート

　デジタル化が進むことによってデータの種類や量が増加し，さまざまなデータを組み合わせて分析を行う必要が出てくると，これまでのようにそれぞれのデータベースからデータを抽出し，その時々で別々の分析ツールを使っているのでは，スピードや実現性の観点で支障が出てくるようになった。そこで，共通のプラットフォームを作ることによって，データの収集や結合を容易にするとともに，標準化されたデータ構造やツール・プログラムの活用を進めることで，より簡単に分析が進められるような環境を用意することが競争優位につながるようになってきたのである。

［クラウド環境の拡充］

　プラットフォーム化を進める鍵となるのは，前述のデータレイクの構築とAPI（Application Programming Interface）の活用，DevOpsを含む開発基盤の整備である。いわゆるプラットフォーマーと呼ばれるAWS，Microsoft，Googleが提供するクラウドの環境ではAPIを充実させており，さまざまなデータソース（システムソース）と連携してデータを取り込むことができるようになっている。したがって，自社でプラットフォームを構築する場合には，これらプラットフォーマーの提供するクラウド環境を活用することがデファクトスタンダードになっている。特に開発のスピードを上げ，経営のスピードを上げていくために**APIと開発基盤の整備は一体で進めること**が望ましいため，DevOpsの整備とあわせてクラウド環境の拡張を急ぐ必要があろう。

　昨今は，APIのソフトウェアやクラウドサービスも充実してきており，自社に合ったツールの活用が求められている。これらの整備にはシステムアーキテクチャーの設計が不可避であるため，専門家の活用を前提とした取組みを行っていく必要がある。

❹　AI活用

　多くの日本企業で注目され，活用に躍起になっているように見えるのがAIの分野である。このAIに対する理解のレベルは，人によって大きく異なって

いるのが実情で，活用が進まない理由の１つにもなっている。正確にAIについて理解をしたうえで，自社にとって有用なAIをビジネスに活用するスタンスをとらなくてはならない。

　第１章でも少し触れたが，AIをビジネスに活用するという観点で，日本企業のCIOと海外企業のCIOにおける意識の違いがリサーチ結果から明らかになっている。デロイトのCIOサーベイによると，日本企業のCIOがAIをはじめとする先端技術に関心が強いのに対して，海外企業のCIOはアナリティクス等のデータ活用の分野への関心が高い（**図表５-26**）。個別の技術に目が行きがちな日本に対して，技術を活用した結果としてのデータ活用に目が行っている海外という構図である。一方で，このようなサーベイ結果は，先端技術という言葉の捉え方に違いがあることから導かれているという側面もある。日本のCIOの多くがAIやコグニティブコンピューティングの技術を先端技術と捉えるのに対して，海外企業のCIOはAI等を先端技術ではなく既存技術と捉え，量子コンピュータ等を先端技術と捉える傾向が強い。

　このような状況に鑑みると，日本のCIOはビジネスという観点が弱く，あ␣く

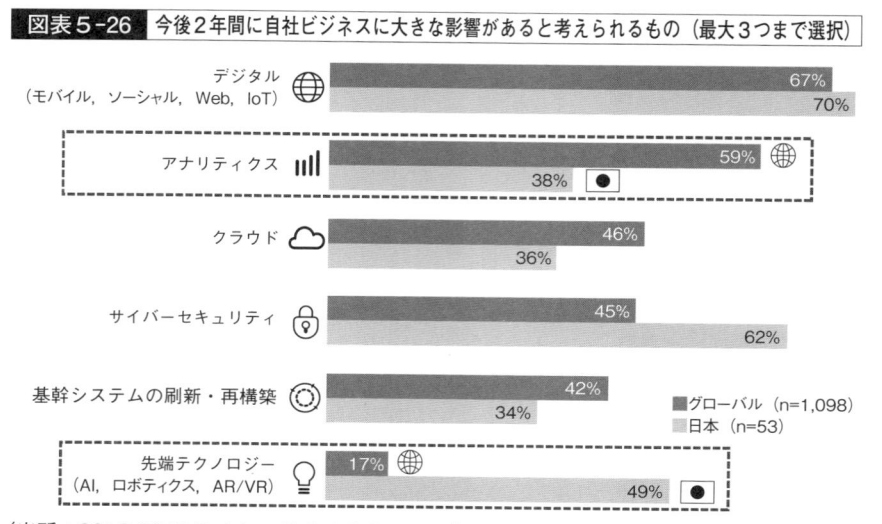

図表５-26　今後２年間に自社ビジネスに大きな影響があると考えられるもの（最大３つまで選択）

デジタル（モバイル，ソーシャル，Web，IoT）　67% / 70%

アナリティクス　59% / 38%

クラウド　46% / 36%

サイバーセキュリティ　45% / 62%

基幹システムの刷新・再構築　42% / 34%

先端テクノロジー（AI，ロボティクス，AR/VR）　17% / 49%

■グローバル（n=1,098）
■日本（n=53）

（出所：2016-2017 Deloitte Global CIO Survey）

までもテクノロジーの世界に閉じてしまっている傾向が見て取れる。これは
AIの部分でも同様で，AIという技術に目が行きがちで，AIをどう活用するか
という視点が弱い。AIを活用するためにどんな技術が必要かという発想が生
まれず，結果としてAIに投資をしないため活用が進まないという事象が起こっ
ている。

　そこで，AIの詳細については専門書に譲るとして，ここではデータドリブ
ン経営にAIを活用するうえで知っておくべき事項について整理しておこう。

● 理解すべきAIの種類

　AIは"Artificial Intelligence"の頭文字で，日本語では人工知能と訳される。
AIにはさまざまな種類があり，それぞれ使われている技術も異なっている。

　1950年代から始まったとされるAIの長い歴史の中で，発展と停滞を繰り返
してきた中，現在取り上げられるAIのほとんどは機械学習の領域のものであ
る。厳密にいうと，機械学習に限らないAIの分野が活用されているが，話を
シンプルにするということでご容赦願いたい。機械学習という言葉もほとんど
の人が聞いたことがあるだろうが，それとともにディープラーニング，コグニ
ティブコンピューティングといった言葉も台頭し，違いがよくわからなくなっ
ているのが現状であろう。

［機械学習・深層学習（ディープラーニング）］

　AIの歴史の中で，現在は第3次AIブームと呼ばれる時期であり，これは，
機械学習・深層学習（ディープラーニング）を契機として始まったとされてい
る。この中心にある機械学習は，教師あり学習，教師なし学習，強化学習の3
つに大別されている（**図表5-27**）。

　教師あり学習は，問題となるデータとその答え（正解）のセットをAIに学
習させる仕組みを指す。さまざまな質問に対する答えを正確に導き出したり，
過去のデータから未来を予測するために使ったりすることが可能になる。教師
なし学習は，問題に対して正解データを必要としない学習方法である。データ

図表5-27 機械学習の種類

機械学習・深層学習（ディープラーニング）を契機として，第3次AIブームが到来

学習方法の大別	教師あり学習	問題となるデータとその答え（正解）の セットをAIに学習させる方法
	教師なし学習	問題に対して正解データを必要としない 学習方法
	強化学習	与えられた問題に対してAIが試行錯誤して 解答を導き出す方法

の傾向分析を行う際に用いられ，有名な活用事例としては，ショッピングサイトにおけるユーザーに対する提案機能等が挙げられる。最後の強化学習は，与えられた問題に対してAIが試行錯誤して解答を導き出すものである。将棋を指すAI等はこの学習を活用している。これらの学習方法を使ってAIが学習を行い，何らかの結論を導き出すというのが現在取り沙汰されているAIの基本となる。

　その機械学習の具体的な手法として使われているモデルは，ニューラルネットワークと呼ばれる。これ自体は，人間の脳の神経回路を模倣している。このニューラルネットワークのモデルを拡張させて複雑なデータの学習を可能にしたものがディープラーニングと呼ばれている。画像認識や音声認識に使われることが多く，こちらも昨今着目されている技術である**（図表5-28）**。

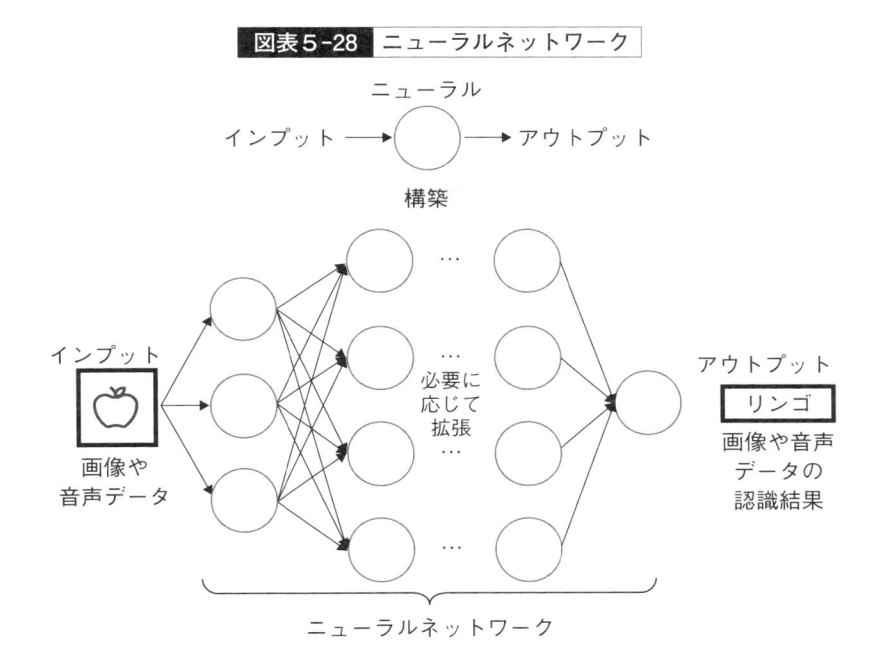

図表5-28 ニューラルネットワーク

[コグニティブコンピューティング]

　AIと混同されがちなのが，コグニティブコンピューティングである。これは，人間と機械が自然な対話をすることができるようにする技術のことを指している。自然言語処理を活用したり，コンピュータビジョンと呼ばれる画像認識処理を活用したりする中で，AIとコグニティブコンピューティングが組み合わされて，新たなプロセスから新たな結果を導く（自動化等）ということが可能になる。

　AIは，人間が行う作業をコンピュータが行うものであり，コグニティブコンピューティングは，人をサポートするものとする概念もあり，はっきりした定義が存在していないのが現状である。そのような中，AIといったときには**AI＋コグニティブコンピューティングの全体を指す概念として使われることがビジネス上多い**と理解しておけばよいだろう。

[使い分けと見極め]

　ここまでAIの概念的なところを整理したが，データドリブン経営，あるいは日々の企業オペレーションにAIを活用するという観点で押さえておく必要があるのは，**機械学習の手法の違いに加えて，実現できるレベル（学習のレベル）によって世に出ているAIもさまざまであるという点**である。画像を認識するという技術ひとつをとっても，静止画の認識を得意とするAIもあれば，動画の認識を得意とするAIもあり，得意分野やできる機能といった面で使い分ける必要がある。

　したがって，データドリブン経営，あるいは自社のオペレーションにAIを活用する際には，世の中に数多あるAIの中から**自社で必要となるものを選択し，導入していく目利きが求められる**ということに留意が必要である。そうした際に，最も重要になるのは，AIをどこで使うのか，そもそも使う必要があるのかという点を見極められるかどうかである。

● 活用シーンの見極め

　多くの日本企業で，AIを使えば経営が大きく変わるという認識を持ちながら，デジタル化の取組みを進めている。しかし，AIがどういうものかを十分に理解していないために，具体的な成果に結びついていないことはすでに触れたとおりである。この状況を生み出しているのは，AIに対する理解不足もさることながら，どういったビジネスの局面で，あるいはどういった意思決定に際してAIを活用すればいいのかを見極められていないことに根本的な原因がある。

　よく見られるケースは，AIを活用するまでもない，単なるプログラミングの世界で自動化すればいいような業務を，わざわざAIを活用する意思決定をして，時間をかけてPoCを行うというものである。それほど複雑でもなく，PoCを行うよりも迅速に実業務に実装することが求められている機能であるにもかかわらず，デジタル化への取組みという位置付けにしてスピードが殺されてしまう例は，昨今の日本企業で多く見られる。AIは，人間では対応できな

いことをコンピュータが代替するというものではあるが，旧来の技術で解決するものはこれまでどおりツール活用やプログラム開発によって対応したほうが，迅速かつ確実に実現できる。

　このような活用シーンの見極めができていない状況は，AIを何でも実現してくれる魔法のツールと捉えてしまっている人に多く見られる。本来，人が自分の手でやったほうが速いことに対しても，AI活用を提唱して担当者に丸投げし，全体として何も実現できないという悪循環を起こしているケースが散見される。

　正しく見極めるためには，**最低限のAI，あるいは旧来からある技術（AIを除くデジタル技術を含めて）の知識を持った者がその検討を行い，意思決定についても同様の知見のある者が行うことを徹底する必要がある**。AIを活用することが目的になるのではなく，必要なところに正しくAIを活用する観点から，データドリブン経営および日々の業務オペレーションを検討することが重要なポイントとなる。

● チューニング

　最後にAIをデータドリブン経営に活用する際の留意点として挙げておくのは，AIのチューニングである。昨今のAIの中心は機械学習であるが，人間の場合と同じで，学習は繰り返され，また高度化されていかなくてはならないということに留意が必要である。教師あり学習の場合，正解を含めたデータセットのパターンを，どれだけ多く学習させることができるかが，よりよい結果を導くための鍵となる。当然，時間とともに新たな問題が出現し，その問題に対する正解データも生み出されていくため，それらをAIに学習させ続ける必要がある（**図表5-29**）。

　教師あり学習以外のケースでも，いわゆる賢いAIにするために，さまざまなケースを学習させることが必要になる。偏ったデータを使っていると，結果も偏ったものになるのは明白で，そのあたりの最適化を常に意識してAIを使いこなしていく必要がある。AIを導入したのはいいが，このチューニングを

図表5-29　教師あり学習

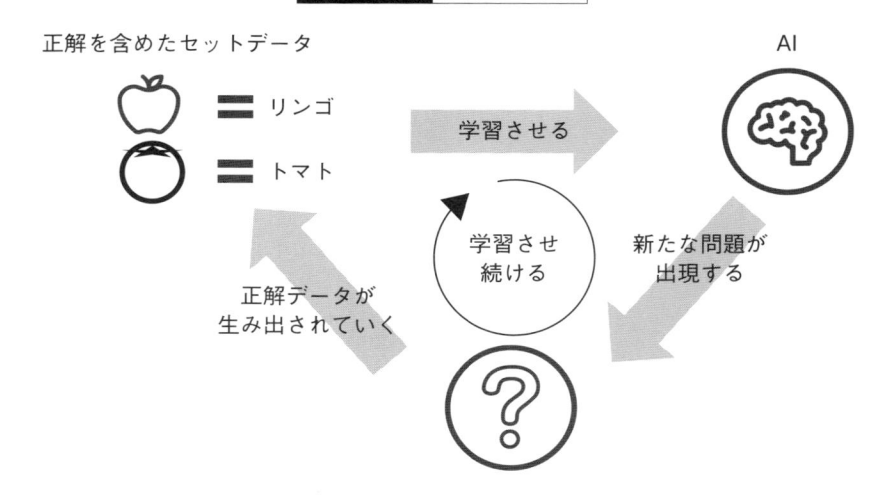

図表5-30　チューニングの必要性

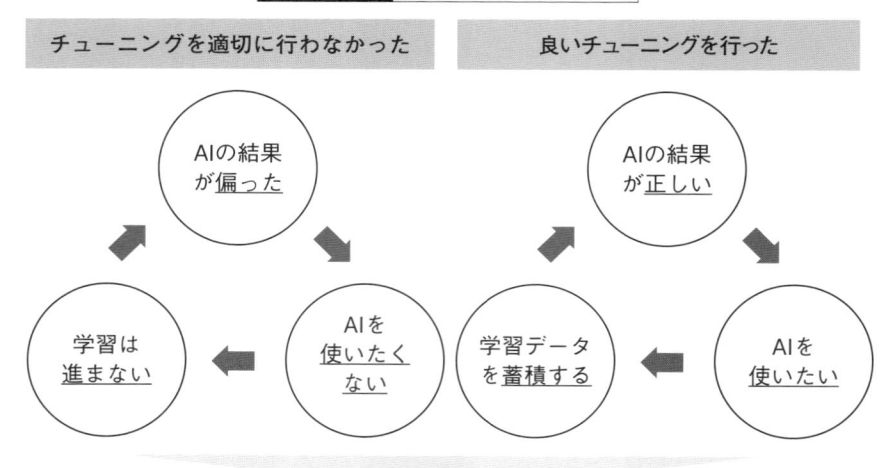

適切に行わなかったために，最初は使われていたAIが徐々に使われなくなり，その結果として学習も進まなくなることで使い物にならなくなり，ますます使われなくなるという負のスパイラルに陥ったケースは珍しくない。特にAI導入の初期の段階でこのケースは起こりがちである。チューニングおよびそのための結果モニタリング（使用状況や結果データ妥当性の検証等）を盛り込んだプロセスを確立しておく必要がある（図表5-30）。

❺　次世代システム構築のために

ここまで，データドリブン経営に必要となる情報システムに関して触れてきた。多くの日本企業がこの仕組みを構築する必要性をある程度理解しつつも，なかなか実現までこぎ着けていない現実がある。その多くは，**既存のシステムと異なる考え方を理解できない，あるいは頭では理解できているが既存システムを変更することへの不安を払拭できないことに原因がある。**

そういう意味では，デジタル時代のデータドリブン経営に必要なシステム，デジタルトランスフォーメーションを実現するための情報システム基盤は，自社にとって次世代システムと呼ぶべきシステム群となり，多くの日本企業にとってすぐにでも構築が必要なものである。スピードが求められるうえに，失敗（手戻り）は許されないという環境下での取組みとなる。そこで，成功に向けて最重要だと考えられる5つのポイントについて，この項では触れていく。

● アーキテクチャーが最重要（既存システムの多くはそのまま使われる）

［次世代システム構築の現実的な解］

デジタル化が進む中で，データの種類やデータ量が大きく変化し，必要とされる仕組みが従来のものとは大きく異なってきた。データレイクを構築するにしても，オンプレミスのシステムにだけデータを格納していた企業の場合，クラウド環境との併用を考慮に入れることは自然な流れである。一方で，現存する主要なシステムを新たな基盤にすべて移し替える，例えば基幹システムを含

めてクラウド上にすべて移すといったことは，現実的には不可能である。

　デジタル時代になっても，データドリブン経営において使われるデータの多くは既存システム上にあり，そのシステムは現状のまま使い続けることになるケースが大半である。つまり，クラウドや新たなツール（NoSQL等）を活用することは間違いないが，**ほとんどの既存システムはそのまま活用するか，データ抽出等の最低限の改修で対応するということが，次世代システム構築の現実的な解**となる。

［ハイブリッド環境のアーキテクチャー］

　このようなケースでは，オンプレミスの環境とクラウドの環境が混在するハイブリッド環境となる。そのため，**これまでとは異なるシステムアーキテクチャーを再設計しなくてはならない**。再設計を行わずに既存の環境にクラウドを加えてしまうと，共存する部分にセキュリティホールが生じたり，ネットワーク環境が最適化されなかったりする可能性が生じる。セキュリティやデータ連携の最適化に関しては，システム全体を見据えたアーキテクチャー設計が必須であり，データというシステム的に最も重要な要素の1つが変更される場合には，その設計は慎重に行う必要がある。オンプレミスの環境としてしっかりとアーキテクチャーが確立されており，クラウドも単体で見るとアーキテクチャーに問題がなかったとしても，それらを**つなげて併存させる場合には，それ相応の最適化が必要**なのである（図表5-31）。

　また，このアーキテクチャーの設計は，今後の拡張性にとっても重要な要素となる。環境の変化が激しいデジタルの世界は，今後必要となるデータや採用する技術が変化していくことを念頭に置いて情報システムを構築していかなければ，変化が起こるたびにアーキテクチャーを根本から見直さなくてはならなくなる。**将来に向けた柔軟性を確保するためにも，全体感を持ったシステムアーキテクチャーの設計が必須**であることに留意する必要がある。

図表5-31	これまでと異なるシステムアーキテクチャー（ハイブリッド環境）

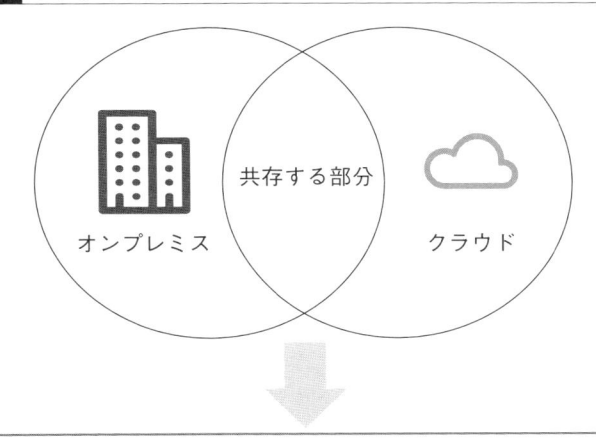

共存する部分

オンプレミス　　　クラウド

システムアーキテクチャーを再設計することにあたって，
オンプレミスの環境とクラウドをつなげて併存させるため，
システム全体の最適化が必要

[外部を徹底的に活用する]

　このようなアーキテクチャーの設計は，多くの日本企業では経験が乏しいこともあり，自社ですべてをまかなうことは非常に難しい。また，特にデジタルの分野はどの日本企業も十分な経験を有していないことから，海外事例を含めた経験のある外部コンサルタント・ベンダーを活用することが重要なポイントとなる。

　ここまでで触れてきたように，**アーキテクチャーの設計はデジタルトランスフォーメーションを実現するうえで非常に重要な要素**であり，この設計を失敗すると，今後長年デジタル化の過程で苦しむことになる。日本企業が長年の歴史の中で作り上げてしまった複雑なシステムをさらに複雑にしてしまうことは，企業競争力の低下に直結する。

　そのような事態を確実に避けるためには，第三者としての専門家の知見が不可欠になる。単にクラウドをよく知っているとか経験があるという側面を重視

して専門家に頼むのではなく，全体を俯瞰して今後構築すべきシステムの全体像を描くことができる専門家に支援を依頼する必要がある。

あくまで支援が必須だと考えられるのはアーキテクチャーの設計であり，その後のシステム導入まで含める必要はない。日頃業務を委託しているITベンダーのほうが現状を知っているという観点から頼みやすいかもしれないが，アーキテクチャー設計で必要なのは全体像を俯瞰して見ることができる客観性であり，専門的なノウハウである。その観点からベンダー選定を行う必要があることに留意が必要である。

● スピードを担保するために柔軟性（標準化）を重視
［実現に向けた詳細な設計が必要］

昨今の企業経営において，スピードは競争優位を確立するために最も重要な要素となっている。情報をいかに速く取得するか，いかに速く顧客に届けるか，製品をいかに速く作るか，顧客に届けるか等，さまざまな局面でスピードが求められるようになっていることは疑いがない。そして，多くの顧客もそのスピードを求めている。

ビジネスでスピードを競争優位の1つとして確立できている状態は，顧客に対して自社の製品もしくはサービスを適切な速さ（往々にしてそれは少しでも速くということになるが）で提供できていることである。つまり，製品やサービスを提供するために必要なアクションが迅速に行われていることを意味しており，データドリブン経営を通じた迅速な意思決定はその前提事項となる。

この意思決定（アクションの決定と実行）を速くするためには，データ（情報）の収集がタイムリーに行われ，意思決定が容易に行えるような分析とレポート作成が迅速に行われていることが担保される必要がある。これは，仕組み次第でどうにでもなるという印象を持つかもしれないが，実現に向けて詳細に設計したうえで仕組みを作る必要があり，それほど単純な話ではないことに留意が必要である。

[柔軟性＝標準化が進んでいる]

　特に問題が出てくるケースは，意思決定に必要な情報が頻繁に増えたり減ったりするような場合である。新たなデータを取得するために，既存の仕組みを改修しなくてはならず，その改修に数か月かかるというような状況だと，それだけスピードという競争力を失う可能性が高まる。また，分析手法を変更する際に，分析ツールの設定やプログラムに手を加える必要が出てくるといった場合にも，それだけタイムロスが生じることになる。

　このようなケースに対応するためには，柔軟性を持った仕組み（情報システム）が構築できている必要がある。この柔軟性を持った仕組みという言葉の意味を理解せず，自由にプログラムを追加できる仕組みを構築したり，さまざまな機能が搭載されているツールを選択したり，といった誤った仕組みの構築がなされることが少なくない。**柔軟性を持った仕組みとは，標準化が進んでいるという意味**である。誤解を恐れずにいうと，**単純な（シンプルな）システムのこと**を指している。

　新たなデータを取得する必要がある際に，手順が標準化され，格納するデータベースの項目が標準化されていると，余計な手戻り，データ加工やそれに伴う開発を回避することができるため，スピードを犠牲にすることがない。分析ツールが標準化されていれば，別のツールの使い方を一から覚える必要がなく，そのツールの使い方を覚えておけば，特段分析手法が変わっても影響が最小限に抑えられる。

　不確実性が高まっているデジタル時代において，何が起こるかわからないからさまざまなことに対応しようと，起こってもいないことに必要以上に時間とお金をかけて仕組みを作ろうとする気持ちは理解できる。しかし，ここでもスピードが重要であり，少しでも速く仕組みを作ってデータドリブン経営のスピードを速めていくことが求められている。**必要なものをシンプルに作る＝標準化を最優先して作る**，ということを念頭に置いて，柔軟性を担保した仕組みを構築していく必要があろう。

⬤ 正しいアジャイル手法の活用

［ウォーターフォール型開発に慣れすぎ？］

　デジタル技術を使った仕組みを構築する際に，基本的にアジャイル手法が用いられることは周知のとおりである。従来から大規模システムを構築する際に用いられるウォーターフォール型の開発手法と違って，自社での経験が乏しいため，多くの日本企業ではデジタル系の開発がベンダー任せになっている。一方，海外企業は自社に多くのデジタル系人材を抱えており，自社での開発でアジャイルを当たり前に用いるようになってきている。

　ただし，海外企業の事例を参考に，同じように自社にリソースを抱えて対応することは，人材マーケットに技術者がおらず，7割以上の技術者がベンダーに所属している**日本の環境に鑑みると，不可能といわざるを得ない**。ベンダーに協力を仰ぎながら，自社のデジタルトランスフォーメーションを実現することを志向しなくてはならない。

　このような環境の中，デジタル化を進めるにあたって，アジャイルを活用したプロジェクトに多くの日本企業がチャレンジしている。しかし，結果を残せている企業は一握りである。そもそもの戦略が不十分，デジタルに対する理解不足等，さまざまな要因が挙げられるが，**多くの日本企業が正しくアジャイルを理解しておらず，活用できていない点**にも大きな要因があると考えられる。

　PoCで作成したプログラムのレベルが低い，最初に合意した内容とイメージが違う，担当が変わると設計書がないため経緯がわからないといった声は多くの日本企業で聞かれる。これはウォーターフォール型に慣れ親しんだユーザー企業とベンダーが正しくアジャイルを理解せず「動くものをまずは作りましょう」，「後から修正しましょう」という部分を都合よく解釈しすぎた結果である。

［スクラム型アジャイル手法］

　成功に導くためには，まず**ユーザー企業とベンダーでアジャイルに対して，正しく，同じレベルで理解する**ことが大前提となる。いくつかの考え方があるが，最も用いられているスクラム型のアジャイル手法であれば，最初にディス

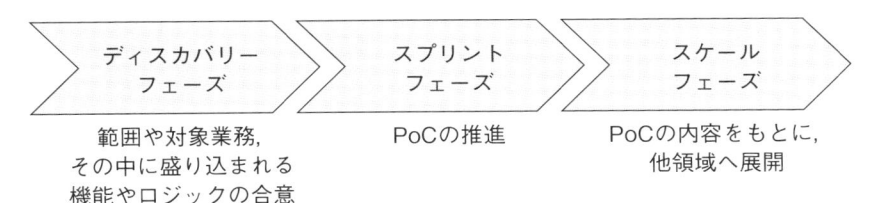

図表5-32　スクラム型のアジャイル開発手法のアプローチ

ディスカバリー
フェーズ

スプリント
フェーズ

スケール
フェーズ

範囲や対象業務,
その中に盛り込まれる
機能やロジックの合意

PoCの推進

PoCの内容をもとに,
他領域へ展開

カバリーフェーズがあり，その後スプリント，スケールといったフェーズで構成されることが多い（**図表5-32**）。

　フェーズの呼び名はベンダーによってもさまざまだが，最初のディスカバリーフェーズで，範囲や対象業務，そしてその中に盛り込まれる機能やロジックが合意される。実はこのフェーズが最も重要であり，ここでの合意事項が設計内容そのものとなる。**必要に応じて設計書は作られるべき**であり，同様にお互いの理解を合わせるために**画面イメージ等のモックを作ることも検討すべき**である。

　このフェーズでの合意に基づいて，スプリント（いわゆるPoCの推進を行う）フェーズが展開されるわけだが，失敗している多くのケースは，設計がほとんどなく，いきなりスプリントから始めているようなケースである。「後から修正する」とは言葉だけで，一から作り直しになって時間だけが過ぎていき，何も前に進まない例が跡を絶たない現実がある。

［アジャイルの適否の検討］

　また，適用する業務がおかしい例も散見される。システムアーキテクチャーを含めて検討を要するような，大がかりな仕組みを構築する際にアジャイルは適していない。基幹システムが顕著な例だが，**あらゆる機能が連携しているシステムでは，1つの機能だけの都合でアジャイルに変更を加えていくと，他の機能で不整合を生じさせてしまう**ため，思わぬ混乱を招くことになってしまう。

　もちろん，機能によってはアジャイルで早期稼働を実現することができるた

184

め，大規模システムの場合には，ウォーターフォールとの使い分けをうまく設計したうえで，アジャイルを採用する必要があるだろう。

　アジャイルとは，適当に進めていいという手法では断じてない。なんだかよくわからないが，とりあえず始めてみましょうという手法でもない。正しい使い方で，正しい範囲に適用しなくてはならないことに留意し，それだけのスキルをユーザー企業とベンダーの双方が身につけていくためのスモールスタートから始めることが重要なポイントである。

新技術は枯れるまで待ってはいけない
［リスクをとりたがらない日本企業］

　進歩が著しいデジタル技術だが，その利用について，特に日本では進んでいるとは言い難い。まったく進んでいないというわけではなく，多くの日本企業が活用に向けてチャレンジをしており，研究開発を含めて試行錯誤を続けている。しかし，実用化される段階まで昇華できていない現状がある。

　新しい技術やソリューションが出現したとき，真っ先に実業務に活用しようとする日本企業は少ない。同業種のコンペティターが使い始めた，日本企業が使い始めたという事例を集めたうえで，自社で採用するかどうかを検討する日本企業が圧倒的に多い。この背景には，安定していないと日々の業務に影響が出るリスクを一切許容すべきでないという多くの日本企業に共通した文化がある。もともとリスクをとりたがらない日本企業が多く，技術的に安全性が確認された，いわゆる枯れた技術になるまで待つ傾向は以前からよく見られていた。

［早期に使うか使わないかの意思決定を］

　上記のような傾向自体は悪いことではなく，経営手法としてリスクをどう判断し，次のアクションを決めるかは経営者に委ねられている部分であろう。しかし，デジタル技術に関しては，この考え方を改めたほうが結果を出しやすいと考えられる。それは，技術の進歩のスピードが激しく，ある程度技術がこなれてきたところで導入を始めると，すでに次世代の技術が世に出始めていると

いう状況になり，どんどん**時代に取り残される結果になりかねない**からである。

　また，昨今のデジタル技術はハードウェアの進歩と密接に関連しているため，**古いハードウェアを使い続けることにもリスクがある**。これまでの技術進歩とは別物だという認識を持ったうえで，新技術は出た時点で活用の検討やPoCの実施を進め，**早期に使うか使わないかの意思決定を行う必要がある**。同時に，ハードウェアの進歩に関する情報も常に気にかけておくことも重要なポイントとなることはいうまでもない。

● 成功の鍵はCIO/CTO/CDOと企業文化

[CEOを補佐する役割が機能するか否か]

　デジタル時代のデータドリブン経営実現のためには，CEOがその必要性を理解し，推進の舵取りをすることは当然重要である。データに基づいてさまざまな意思決定を行うためには，そのデータを読み解く力が必要になることはすでに述べたとおりである。

　しかし，多くの日本企業ではCEOがデジタル，あるいはその他のテクノロジーに精通しておらず，古い時代のやり方が染みついているケースも少なくない。デジタルやその他のテクノロジーの必要性は何となく理解しているものの，どうすればいいのか皆目見当が付かないというCEOは思った以上に多い。

　このような日本企業の状況に鑑みると，デジタル時代のデータドリブン経営の実現は，デジタルの面でCEOを補佐する役割が機能するかどうかにかかっている。その役割を担うのは，CIO（Chief Information Officer：最高情報責任者），CTO（Chief Technology Officer：最高技術責任者），CDO（Chief Data Officer：最高データ責任者）である。

[CIO/CTO/CDO]

　通常，CIOはほとんどの企業で設置されており，しかも自社のシステムを管理する責任を負っているので，デジタル化に対する施策とあわせて当該分野を担当することに違和感はないだろう。CTOは製造業で置いている企業が見ら

れるが，昨今では自社製品のデジタル化という文脈で，デジタル技術の活用に責任を担うことが増えている。また，サービス業においても，CIOが自社内の情報システムに対して責任を負うのに対して，CTOは自社のサービス（顧客向けサービス）をデジタル化するという文脈で，CIOとは別に設置する企業が増えている。デジタルを含むITを活用したサービス展開に責任を負うという立場である。

最も日本企業で置かれていないものがCDOである。CDOはChief Digital Officer（最高デジタル責任者）として設置している企業が昨今では増えてきているが，海外企業を中心にCDOといえばChief Data Officerを指すということが当たり前になってきている。数年前は，海外企業でもCDOは最高デジタル責任者を意味していたが，今では，デジタル化の先にあるデータをどう扱うかについて責任を持つ，**最高データ責任者を指すことが一般的**になっている。その意味で，日本はデータに対する感度が低く，データに対する責任者を置くという発想が一般化していない。いうならば，海外よりもデジタル化やデータ活用が遅れているために必要性が認識されていないということであろうか。

［適切なスキルを持った人材を配置できるかどうか］

これらCIO，CTO，CDOは設置すればよいのではなく，機能しなければ意味がない。多くの日本企業では，これらの役職に就いている者が，デジタルや情報システムのシステムアーキテクチャーに精通していないケースが見られる。その企業の中で見ると情報システムに詳しい，ずっと情報システム畑で登り詰めてきた人だ，という背景から当該役職に任命されている例が多い。しかし，**デジタル時代を迎え，技術の進歩とともに，経営に必要となるスキルとしてデジタルやテクノロジーへの理解が求められるようになってきた情勢の中，古いシステムの知見や他の人より詳しいというレベルでは太刀打ちできない現実がある。**

データドリブン経営の実現には，CIO，CTO，CDOといったデジタル技術やデータに精通したCクラスの意思決定者が必須であることを認識する必要が

ある。あらゆる意思決定をさまざまなデータを使って行うためには，そのデータの持つ意味や，意思決定に必要となる分析プロセスを定義しなくてはならない。それをアクションに結びつけてデータドリブン経営を機能するものにするためには，Cクラスの意思決定によって現場レベルを動かせるプロセスや仕組みをCIO，CTO，CDOが作り上げなくてはならない。

　1つひとつ階層を上がって承認を得るというアプローチではスピードが足らず，トップが意思決定をして一気に現場に浸透させるといった局面が，デジタル時代のデータドリブン経営では増えてくる。**CIO，CTO，CDOに適切なスキルを持った人材を配置できるかどうかが企業経営を左右する時代**であることを理解する必要がある。

[もう1つの鍵は企業文化をデジタル時代に合わせること]

　デジタル時代ではスピードの重要性が増し，指数関数的に増えるデータ量をいかに速く処理するかが問われることは前述のとおりである。そのようなビジネス環境の中でデジタルトランスフォーメーションを実現していくためには，企業文化そのものが時代に合ったものでなければならない。つまり，デジタルトランスフォーメーションで求められるスピードで意思決定やオペレーションを行える土壌が整わないといけない。

　トップが変わればがらりと文化が変わるという企業もあるだろうが，多くの日本企業では脈々と受け継がれてきた慣習の中で企業文化が確立されている。しかし，アジャイルに物事を考えたり，即断即決で事業を推進したりといったことが急に実現できるようにはならない。グローバル企業におけるデジタルトランスフォーメーション成功事例でも，草の根活動によって現場のすみずみにまで浸透させていく企業文化の変革がなければ成功しえなかったと，改革の当事者が述べている。

　企業文化の変革は，他社のものが参考になるとはいえ，結局は自社独特の文化を自社なりのアプローチで変えていくことになるだろう。トップから末端の現場に浸透させるほうがよいのか，末端の現場からトップへと浸透させるほう

がよいのか，企業によって適切なアプローチは違うはずである。

　1つ確実にいえるのは，**末端の現場にまでデジタル時代を乗り切れる新たな文化を浸透させなければ，企業全体のデジタルトランスフォーメーションは成功しないということ**だ。なぜなら，企業活動を支えているのはすべての従業員であり，企業活動そのものを遂行しているのが末端の現場だからである。ボトムアップ型の企業が多い日本では，現場の改革，あるいは草の根活動から企業文化を変えていくアプローチのほうが適しているケースが多いだろう。グローバル事例から学び，現場から文化を変えることができれば，自ら改善を繰り返して企業競争力を磨いていた日本企業が復活するに違いない。

　本章では，データドリブン経営を実現するために必要となる仕組みについて触れてきた。仕組みには大きく分けて，業務プロセスに関するものと情報システムに関するものの2つがある。データをもとに意思決定を進めていくためには，プロセスもなるべく自動化され，スピードを確保できるものに変えていかなくてはならない。そして，そのようなスピードを実現できるプロセスを構築するためには，情報システムの活用が必須である。デジタル時代のデータドリブン経営には，その経営手法に適した情報システムが必要となり，この仕組みを構築するためには，既存の仕組みを最大限に活かしつつ，**デジタル技術を踏まえた新たなシステムアーキテクチャーの設計が必要**になる。

　多くの日本企業にとっては，この改革は非常にハードなものになるだろう。既存のシステムが複雑であればあるほど，次世代システムの構築は困難を極めるからである。しかし，困難だからといって先延ばしにできるほど，時代は待ってくれない。日本企業の経営者がその現実を真摯に受け止め，本当のデジタルトランスフォーメーションに踏み出すことができるかどうかが問われている。そして，現場を含めた企業全体の文化がデジタル時代に適合できるかどうか，末端の現場まで新しい企業文化を浸透させることができるかどうかが問われている。経営者が変わり，現場も変わる。この2つが実現できれば，日本企業の復権が見えてくるはずだ。

参考文献

- Deloitte（2018）「Tech Trends 2019」Deloitte Insights
- Deloitte（2017）「Tech Trends 2018」Deloitte Insights
- Deloitte（2018）「2018 Global CIO Survey」Deloitte Insights
- Deloitte（2017）「2016-2017 Global CIO Survey」Deloitte Insights
- 三枝匡（1991）『戦略プロフェッショナル』ダイヤモンド社
- 三枝匡（1994）『経営パワーの危機』日本経済新聞社
- 三枝匡（2001）『Ｖ字回復の経営』日本経済新聞社

《著者紹介》

安井　望（やすい　のぞむ）

デロイト トーマツ グループ　執行役　パートナー
Chief Technology Officer（CTO）兼 Chief Information Officer（CIO）
神戸大学大学院経営学研究科MBAプログラム修了。同志社大学経済学部卒業。外資系コンサルティングファーム数社を経て現職。
デロイト トーマツ コンサルティングにて，会計系業務コンサルティングの責任者，テクノロジーサービスの責任者を務めたのち，デロイト トーマツ グループのDigital/テクノロジー担当および情報システム担当の執行役として，テクノロジーサービス戦略策定，IT戦略策定を担当している。経営戦略策定から情報システム導入まで一気通貫で行う企業変革コンサルティングを得意としており，業務領域にとらわれない全社改革に多数従事している。デジタル技術についてもインフラからアプリケーションまで幅広い知見を有しており，テクノロジートレンドやデジタル化・データドリブン経営に関する講演・寄稿多数。
主な著書に『グローバル経営の意思決定スピード』（中央経済社），『グローバル情報システムの再構築』シリーズ全3巻（会計関連/ロジスティクス関連/情報管理関連）（中央経済社），『企業が扱う情報管理のすべて』（東洋経済新報社），等がある。

データドリブン経営入門
■デジタル時代の意思決定と行動指針

2019年12月1日　第1版第1刷発行
2023年4月5日　第1版第4刷発行

著　者　安　井　　　望
発行者　山　本　　　継
発行所　㈱中央経済社
発売元　㈱中央経済グループパブリッシング

〒101-0051　東京都千代田区神田神保町1-31-2
電話　03（3293）3371（編集代表）
　　　03（3293）3381（営業代表）
https://www.chuokeizai.co.jp
印刷／三英印刷㈱
製本／㈲井上製本所

© 2019
Printed in Japan